名人励志传记丛书

名人励志传记丛书
毕加索传
Picasso

孙立军 主编

图书在版编目（CIP）数据

毕加索传 / 孙立军主编. -- 南昌：江西教育出版社，2018.10
（名人励志传记丛书）
ISBN 978-7-5705-0484-8

Ⅰ.①毕… Ⅱ.①孙… Ⅲ.①毕加索(Picasso, Pablo Ruiz 1881-1973)－传记 Ⅳ.①K835.515.72

中国版本图书馆 CIP 数据核字(2018)第 201143 号

毕加索传
BIJIASUO ZHUAN

孙立军　主编

江西教育出版社出版

(南昌市抚河北路 291 号　　邮编：330008)
各地新华书店经销
三河市三佳印刷装订有限公司印刷
635 毫米×960 毫米　　16 开本　　12 印张　　字数 110 千
2018 年 10 月第 1 版　　2019 年 10 月第 2 次印刷
ISBN 978-7-5705-0484-8
定价：36.00 元

赣教版图书如有印装质量问题，请向我社调换　电话：0791-86706047
投稿邮箱：JXJYCBS@163.com　　　电话：0791-86705643
网址：http://www.jxeph.com

赣版权登字-02-2018-462
版权所有　侵权必究

前 言

我妈妈曾对我说,如果你是个士兵,你要成为将军;如果你是个修士,你要成为教皇。不料,我当了画家,于是我就成了毕加索。每个孩子都是艺术家,问题的关键在于如何在长大之后仍然是一名艺术家。艺术的使命在于洗刷我们灵魂中日积月累的灰尘。

——毕加索

毕加索是一个伟大的画家,他的一生从来都不缺少鲜花、掌声、金钱与爱情,而且他也是有史以来第一位在有生之年亲眼看见自己的画作成为艺术殿堂卢浮宫收藏品的艺术家。

毕加索又是一位相当高产的画家,他一生中总共创作了数万件作品,包括油画、素描、雕塑、陶瓷、拼贴等作品,其中平版画六千一百二十一幅,版画两万幅,素描七千零八十九幅,油画一千八百八十五幅。

他被评为20世纪最伟大的十大画家之首，跟在他后面的则是莫奈、达利等绘画大师。

毕加索之所以能够实现如此辉煌的成就，除了拥有过人的艺术天赋之外，对艺术的孜孜渴求也是他成功的一个重要因素。毕加索一生都追求风格的多变，这是他从西班牙到巴黎就形成的一种"信仰式追求"。

因此他的一生是一场发现探索之旅，他就像一位绘画界的探索者，不断追求新的画风，将自己的辛勤融入到了艺术探索之旅中，最终创作出了《格尔尼卡》《亚威农的少女》《抽烟斗的男孩》等这些传世杰作。

毕加索是一个热爱生活的人。从青少年时期开始，毕加索就开始参加各种体育锻炼。他非常热爱大自然，一有空闲时间就背着绘画工具到草地上、树林里、河流边去写生，搜集各种各样的创作素材。

毕加索年轻的时候很喜欢到海滨浴场去游泳，其游泳水平非常不错，很多人都游不过他。

在年龄逐渐增大之后，毕加索喜欢每天做体操和晒日光浴，晚饭后更是坚持去公园跑步，这使得他的身体一直都保持得不错。他更注意保持良好的心情，闲暇时他会和妻子儿女一起去看斗牛，或者与自己养的几只小狗一起玩耍，这使得他一直保持着愉悦的心情。

他的进取心和不畏困难的创新精神，依然激励着当下的年轻人。而在巴黎、巴塞罗那等他待过的地方，每年都有很多人自发地去祭奠他，纪念这位为人类艺术做出巨大贡献的艺术家。

前 言 / 1

第一章
诞生在马拉加海港的天才 / 1
画家父亲 / 1
来到陌生的城市 / 8
了不起的天赋 / 13
第一次见到萨巴提斯 / 23

第二章
不断改变的画风 / 37
马德里的时光 / 37
斐南蒂·奥利维亚 / 50
一段难忘的经历 / 61
首开立体画派之风 / 67

第三章

毕加索的爱情 / 77

牵手玛茜黎 / 77

经历第一次世界大战 / 83

与奥佳举行了婚礼 / 91

单纯美好的生活 / 97

再见,平静的日子 / 104

沮丧到了极点 / 110

第四章

艺术是毕生的追求 / 118

逐渐恢复了自信 / 118

战火纷飞的日子里 / 126

战争终于结束了 / 132

第五章

闪耀历史的绘画大师 / 141

法国光复后 / 141

无尽的遗憾 / 148

始终保持自己的本色 / 158

辉煌的晚年时光 / 170

生命灿若夏花 / 176

第一章
诞生在马拉加海港的天才

画家父亲

1881年的10月25日,在西班牙仅次于巴塞罗那的海港马拉加,诞生了一位伟大的画家,他就是毕加索。马拉加是这个国家的重要海港,也是一个典型的地中海城市。

跟今天的繁荣不同,1881年的马拉加完全是另外一个世界。毕加索出生时,这座城市依然靠装船、织棉、炼铁、制糖、生产葡萄酒、种植杏仁和一些水果为营生。当时的城市人口有十二万,庞大的人口聚集在这里,再加上供水排水系统的简陋,让这个城市更加拥挤。

这里有二十七所教堂以及四座修道院,还有能容纳上万人的斗牛场，在原来的摩尔人兵工厂形成的巨大市场里，还有正在建造中的天主教堂。因为有着悠久的历史和强烈的民族意识，所以这座城市具有强烈的西班牙特色。

不仅如此，它还拥有整个欧洲其他地区都没有的最宜人的气候。一年四季阳光充足，一年里只有四十天可以看到云层。然而在1881年，到西班牙旅游的人并不多，这里明媚的阳光、干净的空气和温暖的海水也不曾被外地游客享受过。

毕加索的父亲荷塞·鲁兹在城里的艺术学校担任美术老师，他不仅是一名画家，也是当地的博物馆馆长。他在博物馆的工作是修补那些损坏了的图画。他有着十分精巧的手法，因此很适合这份工作，此外，他还会画一些画。

对荷塞来说，那段日子十分惬意。他有一份数目虽小却稳定的收入，也能靠卖出的画多赚一笔生活费。他有很多狂放不羁的朋友，有一些是画家。他还喜欢看斗牛，这里的斗牛比赛比世界任何地方都精彩。总之，他年轻的时候度过了人生最快乐的时光。

然而，快乐的时光总是短暂的。在他四十岁时，在家人的逼迫下，他结婚了。荷塞并不愿意结婚，但他还是顺从家人的意愿，在1878年同玛利亚结了婚。

结婚后荷塞在帕拉萨租了一间寓所，并负责全家人的开销，包括他的妻子，两个未结婚的姐妹和他的岳母。第三年，荷塞的妻子生下一个儿子，就是巴布罗·鲁兹·毕加索。

到 1884 年，毕加索又有了妹妹。此时，玛利亚的两个姐妹因为葡萄园被损毁，搬到了姐姐家，荷塞一家的生活变得困难起来。荷塞感到前所未有的压力。然而，他除了画画来填补家用别无他法，除了私下教学生赚取一些钱，就只能卖一些应景的油画。

很多人都理解生活的困难，然而只有艺术家才真正明白，荷塞遇到了心灵上的困境。他本可以全心全意画画，然而画画成为了他谋生的手段，让他失去了画画的信心。

在他四十岁时，他忽然发现自己没有了创造力——他的内心深处的东西已经被生活的现实彻底粉碎了。这一点在毕加索为他画的肖像中可以看出：一个疲倦的男人用手托着头，带着深深的落寞和烦闷，丝毫没有对生活的激情。

然而，对于小孩来说，生活还是很快乐的。年幼的毕加索还不知道生活的不易，拥挤、狭窄的小房间对他来说如同广场上的阳光一样灿烂。

毕加索并不常见到父亲，因为父亲忙于教课，还要去博物馆上班，拜访朋友，并且不错过每一场斗牛。令毕加索十分高兴的是，偶尔父亲也会带着他去观看斗牛。

全家的生活来源都依靠父亲的画笔，虽然荷塞不在家里工作，却经常把画笔带回家清洗。这些画笔被毕加索看成神圣的东西，慢慢地，敬畏变成了一种雄心壮志，并让他后来坚定地维持了绘画这项事业。

1889年，这一年毕加索八岁，他画了一幅《斗牛士》。实际上，毕加索的绘画技能最早是从泥地里开始的。他的这种作画能力让姐妹们十分惊讶，她们随意地指定动物身上的某个部分，他都能精准地画出来，或者用剪刀在纸上剪出来。

毕加索几乎随时都在画画，特别是在学校里。他没有努力学习算术、写字那些一般的课业，而是把精力都放在画画上。因此，毕加索在此后的一生里，始终把字母拼得乱七八糟。然而，他在学校里倒是察觉到自己跟一般学生的不同，他不喜欢受到一般规矩的限制。

任何一所学校都不喜欢那种不看书本、整天画野牛、总是凝视窗外的学生。在当时，城市的学校里有很多这样的学生，这样的学生难免会受到老师的责罚。

然而，毕加索不同，他总是迟到，喜欢盯着时钟等下课的时间到来，也喜欢玩弄从父亲那得到的画笔。但是，他并不是淘气、不守纪律的学生。

大家都知道，他是另一个不同层面的学生，虽然表现与众不同，但老师和同学都十分喜欢他。即使有时他独自站起来走出教室乱逛，他们也不会抱怨和跟着模仿。

数学让毕加索特别头疼，甚至连时间也是如此。一次姑父问他什么时候下课,准备接他回家,他回答:"一点。"因为他认为"一"是数字里的第一个,一点也是离现在最近的时刻。

对于儿子在课业上的落后,荷塞并不在意。他知道儿子的兴趣在哪里,事实上,他对于儿子的天才还很高兴,他经常教给儿子绘画的技巧。

荷塞本身继承了西班牙传统写实主义,因此为儿子提供了扎实、严谨的技巧。在毕加索那个年龄,他还不能区分出技巧和目的之间的不同,只是非常热爱画画,并且十分有灵性。荷塞对自己的手法非常有信心,因此那段时光可以说是父子二人最愉快的时光。

有些孩子有画画的天赋,到七八岁时却消失殆尽,而毕加索并不是这样。他的画从幼稚逐渐走向成熟,他的天分也没有被早熟的技巧抹杀,因而能够在意识中潜伏下来,并且在他青春期时复活,并伴随他艺术的一生。

毕加索晚年的一些作品开始呈现孩子气,可见他的那种纯粹、新鲜的孩童般的天分始终没有消失,即使多年后仍然能够通过高超的绘画技巧表现出来。

对一个孩子来说,马拉加的生活是永恒的:狭窄的房间、无法逃学的学校、不断的绘画、星期天的人潮、穿着新衣的家人、一群光鲜的年轻人、皮肤黝黑爱笑的姑娘、数不清的朋友,还有永远温暖的太阳,这些加上近在眼前的海洋和阳光,组成了毕加

索多姿多彩的童年，并成为他生命中重要的组成部分。

在地中海的这个城市，毕加索所感受到的世界，是他浓浓的乡愁的来源，也是他后来唯一怀念的地方。他喜欢阳光、海洋，并乐于一大群人围绕着他。

到1891年，十岁的毕加索开始对斗牛燃起兴趣时，他的自然、规律的生活被他刚出生的妹妹打破了。妹妹的出生加重了家里的负担，父亲更加消沉了。而此时，市政府决定关闭博物馆，荷塞一家的生活陷入了困顿。

荷塞虽然失业，仍然在卡洛寻求到一个教授素描和装饰的职位。卡洛位于加利西亚，是大西洋沿岸偏远的北部区域，全家都要搬到那里居住。而此时，荷塞发现自己的儿子几乎一个字都不认识，去新的地方是不行的。

不仅不识字，连简单的算术都不会，这在自己家乡并没有太大关系，因为周围的朋友和邻居都理解这个孩子。然而在遥远的加利西亚，外乡人就必须遵守那里的规矩。

毕加索想要进入那里的学校，就不得不通过考试，起码要交出一张本地的学习合格证书。然而毕加索绝不可能通过任何一门考试，除了绘画。因此荷塞只好去找一位能开具学习合格证书的朋友，这件事做起来并不容易。

朋友说："没问题，但是形式上我还是要考考他。"

在考试时，面对一些简单的问题，毕加索保持沉默。于是主考官出了一道简单的加法题：3+1+40+66+38=？并温和地告诉他怎么写，让他不要紧张。第一次尝试以失败告终，第二次提出问题时，毕加索发现考官把答案写在另一张纸上，于是毕加索把这个数字默记下来，把答案写了出来，还得意地在答案下画了一条横线。就这样，毕加索得到了他的学习合格证书。

这张宝贵的证书和其他行李一起被整理好，在1891年的夏天即将结束的时候，毕加索同家人第一次出海，开始了他新的旅程。

来到陌生的城市

毕加索一家离开马拉加的时候，葡萄已经在阳光下成熟，甘蔗也又高又壮，这个时节正是一年里丰收喜悦的时期。而他们到达卡罗那的时候，正是秋季风暴频繁的时节。

强风吹过大西洋，肆虐着西班牙北部和东部的险峭地带，也带来了大量雨水，使加利西亚成为全半岛雨水量最为丰沛的地区。如果不刮风也不下雨，这里通常是被大雾笼罩，雾气又会转变为绵绵细雨；而不时而至的大雨则会拍打在花岗岩沿岸的房屋上。

在稍微晴朗的日子里，太阳把珍贵的阳光洒在沙滩上，却无形中加速了被海水送上岸的海草的腐烂，滋生了很多的苍蝇，真的与原来的地方不同。

这一切都让毕加索感到惊奇，然而更惊奇的是街上的人们使用一种陌生的语言交谈。在卡罗那和加利西亚的其他地区的人们说的语言叫作"加烈哥"，这种语言是西班牙其他地区的人不曾听到过的。毕加索在这里第一次感到自己的孤立和迷惑，他觉得自己语言不通，在这里他完全是个外乡人。

在不同文化的影响下，荷塞一家人显得更加迷茫，他们缩在派欧·哥梅兹街的居所里，看着雨点敲打着窗户。对毕加索一家人来说，眼前城市的陌生已代替了初来的惊恐，近处是海港和沙滩，远处是岩岸。

这座城市跟马拉加比起来并不起眼，甚至比不上马拉加的三分之一大，但这座城市除了海港和斗牛场，还有一处令人激动的建筑——位于半岛尖端突出处的一座罗马式高塔。这座高塔高达四百英尺，被当地人奉为"英雄之塔"，这使毕加索很激动。

除了卡罗那的一些事物，毕加索最常画的就是这座塔了。早期他的画十分幼稚，大部分都是关于天气的玩笑，此外还有作业本空白处的一些罗马人、野蛮人和手持弓箭的野蛮人、刺客等，这些跟其他孩子的画作并无不同。

后来，毕加索进入一所学校，并努力让自己不被赶出来。他因此学会了使用他以前从未接触过的优雅、工整的手法写作。他就读的学校叫"勘守学院"。在第二年，也就是1892年，他利用业余时间到父亲任教的贝亚思艺术学院上课。

毕加索向来不喜欢写信,他就发明了一种和马拉加的亲戚联系的方法——一份自己的小报纸。他称其为《卡罗那》,在每周日的时候出刊。在这份小报纸上,他画一些地方的人物、狗、鸽子、灯塔等,还撰写一些小的消息,比如,"风开始刮起来,好像要刮到卡罗那一点东西不剩""雨下起来了,夏天就绝对不停下脚步""截止到付印,没有收到任何电报"。此外还有更多令人发笑的事,有一些是类似上面这种风格的画作。比如:

老师:"如果别人给你五个瓜,你吃了四个,还剩下什么?"

学生:"还剩一个瓜。"

老师:"你确定这就是所有吗?"

学生:"还有肚子会疼。"

很快,这些幼稚的事就成为历史,小毕加索要向一个更加成熟的境地跃进,进行严肃而完全的绘画创作了。如果他的父亲能更好地训练他,或许他会更快地走向成熟,但由于远离家乡、朋友,也不适应这里的气候,再加上遇到的一些不愉快的事,这时的荷塞情绪非常低落。

由于荷塞没有心情工作,这时就把精力放在了对儿子的艺术教育上。他教会了毕加索很多绘画技巧,比如笔墨、炭条、蜡笔和粉笔,后来又开始教他油画和水彩的技巧,同时毕加索的素描技巧,在父亲的教育下也得到了极大的提升。

作为教师,荷塞对自身要求严格,遵守每一条法则,同时要求学生绝对服从并刻苦学习。这是传统严谨的学院做派,即使荷塞不是这样的人,也会被保守的学校这样要求。毕加索对于一切严谨的制度都欣然接受,他在课堂的雕像素描令人惊叹不已,这种出色的技艺不是由于他的技巧,而是他把握住了那刚刚塑造成雕像的生命而再次展现出来了。对大多数人来说,练习是枯燥无味的,毕加索却很愉快,这是一种控制良好、严守规范的难以表达的快乐。

他在课余时间的作品更加自由奔放。从1892年到1893年创作的几幅油画已经初见端倪,到1893年秋,毕加索的技巧更加娴熟,甚至可以自由地在铺好的画纸上作画了。

到1894年,他创作出一副杰出的作品———个男人的头像,这幅充满了光和勃勃生机的画是典型的西班牙写实风格的代表,并且完全脱离了幼稚的孩子气。毕加索在十三岁时已经创作了很多画作,并且一幅比一幅精进和成熟。

不久之后,毕加索的作品里又出现了更令人惊奇的作品——一些穷苦老人的头像。这些都是典型的严肃而强烈的西班牙写实主义作品的代表。

画中那些穷苦、潦倒、绝望、蠢笨的人们被真实地表现出来,没有一丝矫揉的成分。这当然是与他的生活经历分不开,是他体察到的底层人们生活的再现。在他众多的绘画作品中,毕加索最满意的就是他在1895年完成的《赤脚的女孩》和《乞丐》。

毕加索真正开始进步并完全掌握工具的时候，荷塞就开始让他帮自己的装饰画进行精细的整修工作。几个月后，荷塞发现，即使在技巧方面，儿子的创作也远胜自己。荷塞无法创作出《赤脚的女孩》或《乞丐》这样的作品，他也承认了这个事实，并郑重其事地把画笔交给儿子，从此他再没有画过画。

毕加索在卡罗那的日子感到前所未有的压抑，尤其是突然出现的一件事情给了他更大的打击：毕加索的妹妹染上了白喉，治疗无效而死去了。之后的日子，毕加索更加忧郁，创作也进入了苦恼期，不过这样的日子并没有持续很长时间。

拉蒙·那伐洛·加西亚是荷塞曾经的助手，在巴塞罗那的一所著名艺术学院任教，他很想回到自己的故乡加利西亚，因此向荷塞提出交换工作。

荷塞没有犹豫地答应了，这不仅是因为他早就想离开那充满悲伤的小屋，也为了摆脱无休无止的雨水的烦闷，希望重回阳光普照的地中海地区。很快，全家人收拾好行李，毕加索带好他的画作，一起登上火车，经过马德里，回到了马拉加。

几百里的长途跋涉，一家人终于回到了家乡。他们受到了热烈地欢迎，到处都是热情的招呼和盛宴款待。家乡的空气、亲切的口音、熟悉的食物，让这些游子感到了温暖和振奋。尤其是毕加索，荷塞家唯一的男孩，更是受到特别的照顾和爱护。

毕加索在任何的盛宴里都非常受宠。这段时间可能是他在马拉加度过的最快乐的时光了。他沉迷享乐，以至于减少了很多图画的产量。不过，他还是创作了一副厨房的画作，还为家里的老女佣卡门画了一张非常精巧的素描：画中的她把袖子高高卷起，就像当初拉着年幼的毕加索上学的情景似的。

夏天即将结束的时候，毕加索一家将前往巴塞罗那，他们再次出海，沿着北边海岸前行。9月的海水波澜不兴，毕加索在沿途作画。结束了三天的航行后，他到达了巴塞罗那，这个十分繁华的港口的两侧，就是那座巨大的城市，毕加索的目的地。

刚踏上码头，毕加索就发现自己被不同的语言包围了。周围的人都在说"卡达浪"，这种语言比"加烈哥"还要难以理解。荷塞一家人在走向克里斯汀娜街角的途中，异乡客的感觉越来越强烈。

1895年的巴塞罗那是一个标准的欧洲化城市，不仅巨大而且十分繁华，这里的五十万居民说着属于自己的城市语言，遵守着不同于马拉加或者西班牙任何地方的生活习俗。在这里，十四岁的毕加索再一次产生了漂泊感。

了不起的天赋

毕加索现在进入的这座城市，它的文化是与历史背景是分不开的。在这里，毕加索度过了他重要的青春期，为了日后创作极其不凡的成就打下了基础。他同"卡达浪"社会融合为一体，并学会了他们的语言，也有了一些结识最早、也是持续时间最久的朋友。

巴塞罗那曾经是加泰罗尼亚的首都。在中世纪，加泰罗尼亚是一个横跨东比利牛斯山的独立国家，并且它的绝大多数领土位于西班牙半岛。加泰罗尼亚天然资源缺乏，然而这块土地上的人民精力充沛、精明能干。摩尔人战乱发生之后，原来住在海岸附近的居民重新开始商业经营，很快，加泰罗尼亚就成为地中海最重要的贸易国家。

当西班牙其他地区因为同摩尔人的战乱而混乱不堪时，加泰罗尼亚却变得繁荣起来。它拥有自身灿烂的文明和出色的建筑艺术，拥有可以同巴比伦相媲美的美术学校，还有一所著名的大学以及深受意大利、法国、拜占庭、摩尔和犹太人影响的文化。

这是一个令毕加索的卡浪达朋友伤感又无限缅怀的黄金时代。在当时，由于婚姻关系，巴塞罗那的历代伯爵都成为了亚拉冈的国王，他们把"卡达浪"语言推广到了巴利亚利群岛、西西里、那不勒斯、科西嘉、撒丁尼亚以及所有的伊斯兰教国家。

随着时间的流逝，巴塞罗那的荣耀也跟着消退了。由于亚拉冈各女继承人并不愉快的婚姻关系，在伊莎贝拉一世时，亚拉冈开始和卡斯提尔的斐迪南联姻。因此，继承人查理士五世成为了西班牙的统治者，加泰罗尼亚地区的人民备受压迫。此后数个世纪，卡斯提尔一直都以他们发达的邻居为敌。

此后几乎每一代都有流血反抗事件发生。在马堡战役结束后，西班牙统治者菲利普五世侵占了巴塞罗那，并用残忍的手段镇压了卡达浪人，还以卡斯提尔语取代了卡达浪语，巴塞罗那大学被关闭，城市周围建起了令人憎恶的城墙。

随着镇压的手段越来越严酷，地方法律和习俗也都被废止，地方语言也被限制。在18世纪到19世纪，卡达浪的文化被严重破坏，然而卡达浪语本身却没有被消灭，因为政治和文化上一直存在着反抗的力量。

浪漫主义运动开始后，卡达浪的诗人首先开始了自己的文艺复兴，不仅为了恢复国家文化，也表达出了他们对自由和独立的渴望。很多人都给予了支持，在1841年，大学首先恢复了上课。数年后，令人憎恶的城墙被拆毁，然而此时的卡达浪人仍然无法独立。

政治上的反抗意识使得巴塞罗那的左派运动、罢工、无政府主义风行。在毕加索到来的几天之前，拥挤的里赛欧剧院就被一个疯狂的无政府主义者扔进了一枚炸弹，而他的理由是"任何一个统治阶级都是有罪的"，都是不应存在的。

毕加索初到这里，对一切都懵然不知——他还是一个孩子，而且同这个城市格格不入，这里的一切对他来说都是陌生的。荷塞一家在克里斯汀娜的一件寓所住了下来，后来他们发现这里的光线昏暗，而且很不方便。居住了很短一段时间后，他们又搬到了恩赐街的一栋楼房里，这里离荷塞任教的艺术学院很近。

这座学校名叫"犹特华"，荷塞一直希望儿子能进这所学校。毕加索天分极高，如果进基础班简直就是一种戏弄，但想进入学习古物、油画和人体像的高级班，必须经过两幅画的专业考试，并且考试有严格的成人标准，只有年满二十岁才有报名资格。

荷塞说服了他的同事，他们只是相信了这个只有十四岁的小男孩"看起来有二十岁的样子"，然而他们不相信他的画技跟美术高级班的学生一样好。他们认为是有道理的，如果让一个初学的小孩进入高级班，未免会丢了他们高级班学生的面子，因此他们非常严厉地对待这次考试。

他们给毕加索的第一个题目是画一个披着被单的模特，第二个题目是画一个站立的人的裸体像。

关于毕加索花了多久时间完成这次考试，有很多种说法，有人说限时一个月，毕加索只花了一个星期，也有人说限时一天，毕加索只用了一个小时。

事实上，这两幅画上标明的日期分别是1895年9月25日和30日。毕加索在这两幅画上忽视了一般的艺术学校的传统风格，没有把第一幅画画成身着长袍的罗马人，也没有把第二幅画画成高贵的人体。

他只是画出了他看到的东西——一个身披被单的学校模特，

和一个阳光下身材并不完美的赤裸的矮小的男人。但是，毕加索显露出的出色的学院式手法得到了评委们的肯定，就这样，他的名字很快就被列入1895—1896学年的高级班学生名单里。

高级班的学生都有着典型的卡达浪的名字，但他们在日后并没有什么名气。有一个名叫曼纽·派亚瑞斯·格劳的二十岁的年轻人，他强壮、质朴，在第一堂解剖课时刚好坐在毕加索的旁边。尽管两人的年龄相差七岁，但不妨碍他们成为好朋友。派亚瑞斯不仅成为毕加索在巴塞罗那最好的朋友，并且一生都跟毕加索保持着紧密的联系。

在巴塞罗那的前两年风平浪静地过去了。毕加索每天按时上课，努力画画，还经常和派亚瑞斯在巴塞罗那游玩，他的画本被街景、猫、狗、娼妓、无政府主义者的聚会和奔赴战场的士兵充满。

在家里时，毕加索也没闲着，而是给家人画素描——给母亲画了一张蜡笔画，给父亲画了至少三张肖像画，此外还有很多幅妹妹的油画和素描，包括一副大型油画，画的是妹妹罗拉第一次接受圣餐的情景。

罗拉身穿白色衣服，跪在圣坛前，父亲则站在一旁。这幅非常成功的作品被送去"美术与工业"的春季展览，得到了人们的赞许。

毕加索的暑假是在马拉加度过的。这是1896年的暑假，毕

加索回到故乡就立刻展现出旺盛的精力，短短几个月时间创作了大量的素描、肖像，其中有几幅作品非常特殊，却一点看不到巴塞罗那的影子。

　　最特别的一幅画是风景画。毕加索很少画风景画，这一幅不同于以往的手法：红色的马拉加土地上是一片淡蓝色的天空，地上被仙人掌所覆盖。地面强烈的色彩似乎是用画笔强劲有力地涂抹上去的，颜料干厚，看起来好像是被调色刀抹压过的痕迹，同蓝色的天空形成强烈而奇妙的对比。

　　这幅画有着野兽派的风格，让人联想到梵高的作品，然而野兽派风格在当时还没有出现过，毕加索也根本不知道梵高。仔细看去，这幅画完全是毕加索自己的风格。看到这幅画，让人感慨谁能教授、指导这个十五岁少年的绘画。

　　这一年秋天，毕加索回到巴塞罗那后，开始创作由父亲设计的两幅大型油画。在毕加索的《第一次圣餐》成功后，父亲打算再一次延续这种成功，也希望能卖个好价钱。他购买了很多新的材料，教毕加索如何运用，还特地为毕加索租了一间画室。

　　目前这两幅画中的一幅已经找不到了，另外一幅是荷塞设计的名为《科学与慈悲》的画，画上是一个医生在为一个生病的女人测量脉搏，床的另一边站着一位修女，一只手抱着一个婴儿，另一只手端着汤喂给病人。

　　毕加索画得非常认真，结果也让全家很满意。这幅画被送到马德里参加全国展览，从审查委员会得到了荣誉奖状，还在马拉加的地方展览中赢得一枚金质奖章。

这幅画让很多喜欢逼真的简艺手法的人十分兴奋，但这也宣告了毕加索告别了传统的学院派作品，此后他再也没有画过这一类的作品。

在同一年，毕加索进行自己的学业，也不忘继续自己新的创作。他的绘画本里充满了跟前一年类似的风格，不同的是笔触比原来更加自信，并开始向多元化发展，有一些尝试中明显出现了物体简化的几何图形。

但大体来说，此时的毕加索仍然没有打破传统画派的桎梏，他还是一个在不断追求创新、极具天分的学生。

1897年暑假，毕加索再次回到马拉加，这个暑期却不如上一次那么愉快，他也没有创作更多的作品。他日益发达的叔父沙伐多希望毕加索去马德里的圣费南度皇家学院深造，因为他的两位极具影响力的朋友卡波奈罗和迪库伦在那里任教。

虽然沙伐多提出这个建议，但是跟很多有钱人一样，他对穷亲戚并不大方。在毕加索的旅费、生活费和作画材料费用上，沙伐多只拿了极少的一点，其余的钱是荷塞和一些穷亲戚、朋友凑出来的，加在一起仍然少得可怜。

1897年秋天，毕加索用那点微薄的钱来到马德里这个消费高昂的城市。他在贫民窟一样的圣贝卓马提街找了一个房间住了下来，在这里度过了他十六岁的生日。

跟"犹特华"的情景类似，毕加索轻松地通过了严格的入学考试，进入学院学习。很快，他就发现这里的课程跟犹特华一样枯燥无味，而卡波奈罗和迪库伦也都是平庸的画家。不久，毕加索放弃了学院课程，到普拉多博物馆参观、临摹，享受格雷克、维拉斯奎兹和戈耶等绘画大师的灵魂之旅。

他还画了很多街上的人。在这个阶段，毕加索的作品是最值得被关注的，因为此时他的画风已经转向现代主义的方向，甚至跨进了一个更高的境界。

毕加索在马德里非常勤奋，却很少在学校看到他的身影。沙伐多知道后很不高兴，便断绝了对他的经济支持。父亲站在儿子一边，仍然不断供他上学，尽可能地给他提供更多钱物。

很快，冬天来了，瓜达拉马山脉的寒风吹到了马德里，令本地人都冷得忍受不了，更别说毕加索这样晒惯了温暖的地中海太阳的外地人。

这种风死寂且冰冷，用当地的谚语说："可以冻死一个人，却吹不灭一根蜡烛。"毕加索受不了这种天气，发起了高烧，喉咙痛、舌头发红、身上起了朱红色的斑点，这些斑点又融合成一大片红色。毕加索这是得了典型的红热病。

在当时，这种病十分可怕，一旦得病就可能致命，但毕加索的生命力十分顽强。他在床上躺了几个星期，全身的皮都脱掉一层，又长出新的皮。他迈着蹒跚的步子走出房间，因为不想错过6月12日的圣安东尼奥节庆的每一分每一秒。

紧接着，他搭上了回巴塞罗那的长途火车。巴塞罗那熟悉的家乡口味和温暖的人情，再加上他蓬勃的生命力，很快就使他恢复了健康。一个星期后，他应派亚瑞斯的邀请，前往欧塔乡下去休养。

欧塔是派亚瑞斯的家乡，是个只有三千居民的古朴醇厚的小镇，镇里的居民大多从事农耕生活。毕加索在这里度过了一段闲适的时光，这也是他生命中一段重要的时期。

毕加索曾经说："我在派亚瑞斯的家乡学到了所有东西。""所有东西"不只包括刷马、用镰刀、制酒、榨油，还有收获甘草、葡萄、玉米、橄榄，剪羊毛、杀猪、挤牛奶，同时还包括学会卡达浪语言。

对于毕加索，最重要的是，毕加索得到了很多城里人不曾有过的在生命本质上的体会，也刷新了他的价值观，这使得他对世界有了更多的认识。

此时的毕加索对作画更加有信心，这段时间也诞生了几幅十分了不起的作品——关于山羊和绵羊的画像，这些画深刻把握住了山羊和绵羊的动作、形态。在这些画里，毕加索的笔触更加坚定，也更加重视质感，同时在画里也展现出毕加索对明暗的对比和对物体轮廓更深刻的认识。

1899年2月，毕加索的作品《亚拉冈人的风俗》完成，他凭借这幅画赢得了第二枚金质奖章。当这幅画的油彩完全干燥后，毕加索就收拾好行李，跟大家道别了。在结束了同派亚瑞斯大半年的乡村生活后，他决定回到巴塞罗那。

第一次见到萨巴提斯

毕加索在欧塔度过了一段平静的生活，也让他有机会重新思考什么对他来说是重要的事。此外，由于他在这里的生活需要每天使用卡达浪语言，因此回到巴塞罗那的时候，毕加索已经可以用非常流利的卡达浪语跟当地人聊天了。

这种能力使得他迅速成为了聚集在"夸特·加兹"的作家、诗人、画家中的一员。"夸特·加兹"是一间小酒馆，这里三教九流的人都有，他们的喜好和特长也各不相同，但他们有着一个共同的特点，他们都是现代主义狂热的爱好者，也都热爱着自己的语言。毕加索能讲一口流利的卡达浪语，再加上他早已经认识酒馆中的几个人，因此他在这里很快就如鱼得水了。

小酒馆里经常出入大批的名士文人，毕加索因此交到了很多的朋友。同时他也没有忘记画画。然而在这个时期，他和父亲产生了隔阂。

此时的荷塞已经六十岁了，在这样的年纪里很多看法自然根深蒂固，而年仅十八岁的毕加索已经从孩童成长为大人了，漂泊在外的生活让他变得更加成熟，因此这次归来，跟父亲产生争执也并不奇怪。

为避免争吵，毕加索离开家，找了一家妓院住了几个星期。他不是付得起现款的客人，于是为了回报姑娘的好心，他在容身的房间墙壁上涂满装饰画。1899年的整个4月，他都在这间房间里睡觉、工作，还和隔壁加工腰带的工人成为了朋友。

和家里的小矛盾并没有持续多长时间。总之，那段时间里他不厌其烦地画了很多父亲的画像，他的妹妹也经常来看望他。在这段时间，一位年轻的作家、诗人第一次见到了毕加索，他就是萨巴提斯。

萨巴提斯那位学雕刻的朋友把他带到这个房间里时，毕加索正忙着创作一幅油画。墙边立着《科学与慈悲》，旁边就是《亚拉冈人的风俗》。毕加索抬起黑色的锐利的眼珠，凝视萨巴提斯时，萨巴提斯感到一阵紧张，而那些画也让萨巴提斯敬佩不已。因此，最后在道别的时候，萨巴提斯向毕加索恭敬地鞠了一躬。这就是他们友谊的开始，这份友谊一直持续到1968年萨巴提斯去世为止。

当时年轻的毕加索还没有出名，却已经成为"夸特·加兹"的核心人物。即使不喜欢和不知道他天分的人都不得不认可这一点。这不是因为他在这里经常高谈阔论，相反，他总是很沉默，并且喜怒无常，有时甚至表现得非常厌烦。

但只要他开口说话，就让人印象深刻，充满智慧，并表现出自然而然的信服力，就像他已经能够比这里的任何人都画得更好一样。

经过四五年的磨炼，毕加索的画作变得更加成熟。但他还没有找到自己的风格。因为他读书不多，几乎没有受过正式的教育，缺少成人生活的经验。更重要的是，他的体内始终藏着一个活跃的孩童。实际上，这个孩童终其一生都活在他的身体里。

毕加索的审美学也是从这个时期开始的，他想要把当时人们普遍接受的绘画彻底摧毁，并且把感受推到前所未有的高度上去。有人认为这是一种"美的观念的扩大"，而实际上毕加索真正思考的是"本体"，而非空泛意义上的"美"。

他曾对萨巴提斯说："美！这个字眼对我没有任何意义，因为我不知道它的意思从何而来，也不知道它能带来什么东西。"

这个计划相当有野心，它的开端也充满着自我怀疑、否定、失望和失误。不管怎样，从1899年到1900年，毕加索的绘画创作里已经可以看到这种计划的影子了，但从一个完全的自觉过程来说，这仅仅是一个开始。

大多数时候，"夸特·加兹"里充满着左倾主义的政治氛围，并且具有强烈的无政府主义的意识。因此毕加索早期的作品里也出现了类似的风格，或许我们不能用影响这样的字眼，因为毕加索心里充满了对权势的痛恨，而在"夸特·加兹"的谈话不过是彰显了他的这种情绪而已。

在"夸特·加兹"里还有一位深受尊敬的无政府主义者，这个年轻人叫布洛沙。在他眼里，那些艺术家都是"神经质似的附庸风雅者"，并且他们都是"一心希望让自己区别于庸俗的粗人和中产主义"。但他同时也有一种希望，认为在下个世纪里，艺术会出现新的希望，那时代表无政府主义的天堂来了。

他说："智慧的人们拥有正常的骄傲，他在将来不会再忍受那些妨碍心灵自由的小的障碍，这是一种自我价值的提升，也说明没有任何偶像、任何神话或者任何人能够阻挡个人追求完全的自由的坦途。有些人会认为，这种理论根本站不住脚，但是我们要看到，人们除了负面的本性外，还有正面的本性，人们总会重新找回并重建他失去的力量。"

有人认为毕加索的艺术创作发展过程跟这个说法非常符合，从破坏到再破坏，再到重塑，从真实退回自己的内心，再重建新的力量、新的世界、新的天地。

毕加索被很多无政府主义者的政治教条深深吸引。比如，巴库宁说的"破坏的热情正是创造的热情"，没有什么比这句话更能引起毕加索的共鸣了。

然而即使布洛沙的理论十分精妙高深，毕加索也并没有全盘接受，因为他本来就不是政治人物。他之所以会有共鸣，纯粹因为他接受无政府主义思潮，以及对卡达浪人们的同情。

他周围的人都仇视中产阶级艺术，痛恨文化上的势利，他们自己却不自觉地创作类似的作品。对这种反常的行为，毕加索并不在意，即使没有"夸特·加兹"的鼓励，他终其一生也都痛恨着文化上的势利。

毕加索天生具有一种乐观的、前瞻性的气质，对外面的世界充满好奇。在"夸特·加兹"里，毕加索被易卜生、瓦格纳、托尔斯泰、尼采的气氛笼罩。虽然他没有读过多少书，但起码他能通过其他人间接了解到这些人的思想。

毕加索的确读书很少，但这不代表他就迟钝。事实上，他的思想非常敏锐，对长篇大论十分反感，对诗歌却非常热爱。在他看来，诗歌就像是画画或者雕刻一样，可以很快掌握住主要的特征。毕加索喜欢读诗，也很喜欢同诗人交朋友。

毕加索从原来的住所搬了出来，住进了一间位于楼顶、没有装修过但光线很好的工作室。他的室友是他的朋友卡洛斯。卡洛斯是一个有着奇怪长相的年轻人，也是美国驻巴塞罗那军事顾问的儿子。

因为房间里没有家具，他们就突发奇想，在光秃秃的墙上画满了家具：不仅有床、沙发、桌子、柜子、保险柜，甚至还有一个女佣人和一个杂役。除了那些墙上的家具，整个房间都是被创作的作品堆满，甚至房间都放不下，堆到了门外的楼梯上。

毕加索的朋友很重视他。包括派亚瑞斯、萨巴提斯和卡萨杰玛斯在内,他们都鼓励他在"夸特·加兹"举办一个画展。毕加索认为这个建议不错,于是,在1899年到1900年的冬天,他开始创作大量"夸特·加兹"的常客的肖像画。

他的大部分朋友都能在这些画中看到。到1900年2月,这些作品准备得差不多了。毕加索和他的朋友买不起画框,因此只好用图钉订在墙上,很多人对这次画展反映很冷淡。从商业角度来说,这次画展并不成功。

然而这些画只是毕加索在1899年到1900年创作的大量作品中的一小部分。这段时间的作品展现出多种不同的风格。比如,有一幅令人惊讶的画作《赌徒的新娘》,画的是一张绿色面具一样的面孔,前额凸起,眼睛上方的弧线延伸到鼻子,给人一种非洲雕刻的印象。

另外一张是自他的画室向外延伸到大街的街景,用一种一般人不会用的方式展现出来:远处下方的人影、车辆,只有简单的几笔就勾画得非常生动,还在周围用一圈圈的涂厚法加深空间的厚度。有人说,毕加索这一时期的作品包括了除了印象派之外的一切画风。

毕加索其他的画作也形形色色,大多是关于疾病、困苦、贫穷、死亡、酒吧、酒馆、戏院、舞厅、娼妓、斗牛、海报的习作、人的裸体像、自画像等,还有一些是用几何图像表现出来的。毕加索的自画像包括刚到这里的小男孩,还有从1896年时的懵懂少年到后来的青少年。

更有趣的是他的自画像是对着镜子画的，却没有一幅画像的面孔是相同的。在他的自画像里我们看到，这些面孔有时年轻有时苍老，有时棱角分明，有时模糊不清，几乎每一张的风格都不同。可见，毕加索对"自己"这个题材没有确定的掌握。

这些数量巨大的作品，无疑显示出了毕加索的多种尝试和成就，也看出毕加索经过了一段漫长而痛苦的孕育，才得以展现出个人的崭新的审美观。

毕加索本人对这种个人价值也有过怀疑的时候，特别是当周围的人不能理解他的所作所为时。人们总喜欢沉湎过去，而毕加索已经先一步跨进了思想的未来。因此，毕加索这样的人注定是寂寞的——他不想追随，只能引导，而在引导前，他必须先肯定自己，这种孤独感伴随着他的一生。

1899年到1900年，毕加索另一个显著的成就就是他拥有了令人叹服的技巧，从铅笔、胶彩、水彩、厚涂、油料到蚀刻、木雕，甚至包括雕塑，他都驾轻就熟。

关于毕加索蚀刻的技巧，还有一个广为流传的小故事：他的朋友教他准备金属板，然后用针画线，刮去上面的保护层，再把它浸入酸溶液里，暴露出的金属部分被蚀成一个沟槽，然后就可以付印了。

毕加索用这种方法画了一个骑马的斗牛士。斗牛士穿着带刺的马靴，手上握着长矛，旁边的地上还有只小猫头鹰。不过他没注意到付印出来的图样和版子上是相反的，因此斗牛士变成左手握着长矛。

虽然如此，毕加索一点也不懊恼，他反而兴奋无比，他是天生喜欢创新的，他索性把这幅蚀刻命名为《左撇子的斗牛士》。

在巴塞罗那，毕加索学到了很多东西，但当他的"夸特·加兹"的朋友开始积极进行现代主义革新时，他却从改革中退了出来。1900年世界博览会开始的时候，他从报纸上知道了更多法国的事情，越来越觉得巴塞罗那已经不能给他更多的东西了。

实际上他得到了很多，但他已经开始厌倦这里了。他开始变得极端、喜怒无常，有时甚至从高谈阔论的人群中忽然站起来，一言不发地走出酒馆。毕加索这样有着旺盛生命力的人，是不会和那些一本正经过自己颓废生活的人一直待在一起的，当好奇心过去，他自然就会厌倦，他是一个追求新思想的人。

那一年有一些"夸特·加兹"的人前往巴黎，其中的一些定居下来，而毕加索和派亚瑞斯、卡萨杰玛斯也准备前往巴黎。

1900年的秋天，毕加索同家里和解了，毕加索心里很高兴。10月，在父母的同意下，毕加索和卡萨杰玛斯一同前往巴黎，而派亚瑞斯两星期后赶去和他们会合。

多年以后，萨巴提斯问："去巴黎的所有费用是怎么来的呢？"毕加索回答说："派亚瑞斯、卡萨杰玛斯和我共同分担。

我父亲给了我路费，并跟我母亲把我送到了车站，当他们回家时，口袋里只剩几个零钱了。一直到月底他们才把家用收支平衡过来。这也是很久后母亲告诉我的，我知道后很感动。"

黎明时，毕加索的火车越过了比利牛斯山，火车冒着烟以惊人的速度向北行驶，最后再由距边界一千公里的地方进入了巴黎。他们灰头土脸地从三等车厢爬出来，背起画夹、颜料盒、纸夹和行李走出车站，恍惚间好像这里还是西班牙，因为站台上来往的都是卡达浪和西班牙的旅客，但这些人散尽后，他们看到巴黎真切地出现在眼前。

这里同巴塞罗那一样肮脏，却充满了色彩：四处张贴着绚丽的海报、妇女的鲜艳穿着也不同于西班牙的单调，到处都是马车轮驶过石板路面的声音，拥挤的街道被丢弃的宣传广告填满，经常会有汽油、马粪的气味飘散出来。

这是一个令人目不暇接的城市，繁华而忙碌，这一点跟西班牙的闲散有很大区别。但这里的人说法国话，毕加索他们几个人一个字都听不懂。

不过有件事他是知道的，巴黎的艺术家都住在蒙特巴那塞，那里可以租到便宜的房子和画室。碰巧毕加索遇到了画家朋友诺奈正要赶回巴塞罗那，于是他把自己在加布耶路的画室出让给了毕加索。那是在巴黎的另一端的蒙马特小丘上。

于是，当派亚瑞斯在两星期后赶到巴黎时，发现毕加索和卡萨杰玛斯已经舒舒服服地安顿下来,而且还有两位年轻的姑娘赫曼妮和奥蒂德的陪伴。

显然,毕加索很喜欢奥蒂德,虽然他无法用语言跟她沟通,而卡萨杰玛斯深深地爱上了赫曼妮。这段时间里,拉蒙·比克前来拜访他们,跟他一起的还有一位姑娘,赫曼妮的妹妹安多芮。这么多人的关系有些不容易弄清楚,可以确定的是卡萨杰玛斯对赫曼妮的爱越来越深,这却让毕加索心中不安。

毕加索跟卡萨杰玛斯关系很好,因此知道他生理上有缺陷。于是,他想办法把赫曼妮从卡萨杰玛斯身边拉开,让给了比科特,想借此减轻卡萨杰玛斯的痛苦。

但他失败了,虽然赫曼妮离开了卡萨杰玛斯,但他心中放不下这份情感,仍然总是跟着她,这就使他对爱情的绝望与日俱增,心中的痛苦也与日俱增。

不过毕加索没有把太多时间放在照顾他的朋友上,他要看的东西太多了,包括卢浮宫的很多珍藏、世界博览会和新成立的大小文化馆的展出。这一切对当地艺术家也许已经不再新鲜,但对外地艺术家来说无疑是一种激励。

1900年的巴黎居民已经看过太多的绘画,每年在"法国艺术家沙龙"上也展出很多画作,而"国家美术协会"也会做同样的事,不过在"独立协会"上才能看到真正的新的作品。

毕加索此后一直生活在这样的环境里,不过他真正对巴黎艺术有所了解,是在街上乱逛得到的。很多商业的小画廊里特有的画作远超出摆在店里的水准。

有一位叫波瑟·韦儿的女店主大力支持这些年轻的艺术家,20世纪的很多著名画家的作品都曾经在她的画店里展出过。不过,她自己却不在乎有什么收入,展出作品也没有很多收益,比如,1909年她卖了一幅梵高的画作,只收取了六十法郎。

毕加索喜爱步行,他几乎走遍了整个巴黎,至少南北域都有过他的足迹。他披着一件厚重大衣,顶着北风,背着他的速写本从蒙马特的郊外走下小丘。

虽然那里的夜生活很丰富,但仍然属于郊外,这个安静的小镇有着绿树相夹的巷道,也有一些真正的风车。那里还有一片被灌木覆盖的荒地,人们在这里捕杀野猫,并称它们为兔子。

他走上一条繁华的街道,街道两边盖着石砌的房子。工匠们一边唱歌一边工作。街上到处都是推着车子叫卖的蔬菜贩,还有背着玻璃四处找活的玻璃匠、桶匠,以及一些推着锅炉沿街喊叫的人,他们在看有没有楼上要洗热水澡的人。

往下走就快到塞纳河了,河上有水上巴士、小汽船、驳船等。接着他走向更繁华的地带,这里有巴塞罗那不曾见过的奢华,贫富差距在这里更加显著——一些人衣衫褴褛,另一些人却穿着华丽优雅。

到处都充满了色彩,然而最显眼的就是数不清的士兵。这时

的法国正准备打仗，战争气氛强烈，法国拥有五十万的军队，正准备跟德国发动战争。这些士兵都穿着猩红色的宽松裤子，就像印象画派里的画家在拥挤的街上抹上浓艳的色彩。

越过河面就是蒙特巴那塞，那里住了几十个卡达浪人，很多是毕加索在"夸特·加兹"就已经认识的。他们给他介绍一个叫皮尔·曼雅克的卡达浪人。

他是一个喜爱艺术的画商，也是卡达浪画家和巴黎市场的中间人。他说着流利的法语，也认识很多人，包括"现代艺术的好仙子"波瑟·韦儿。

曼雅克把毕加索介绍给波瑟·韦儿，她立刻买了他一张油彩画和两张胶彩的斗牛画，一共给了他一百法郎。曼雅克很得意自己能够认识毕加索，还要求同他订立合约。

这种合约在法国很普遍，就是画家把作品提供给画商，并得到按月支付的酬金，画商再把画家的作品卖出去。曼雅克给毕加索提供每月一百五十法郎的酬金，这样的收入并不多，但足够三餐吃得饱，住得暖，有烟抽，还有地方住。

十九岁的毕加索还是个默默无闻的画家，从没见过这么多耀眼的法郎，于是他签了字。没多久，他发现卡萨杰玛斯情况越来越严重了，这个痛苦的人总是烂醉如泥，而且一天比一天糟糕。

到12月时，卡萨杰玛斯在巴黎待不下去了，毕加索把他送上了回巴塞罗那的火车。卡萨杰玛斯在家里待了几天后，情况并没有好转，毕加索又带他来到了马拉加，希望这里温暖的阳光和清新的空气、新年的欢乐气氛能让他重新振作起来。

马拉加的太阳没有想象中的温暖，毕加索的家人和在此地的朋友的态度让人心痛。他们没有邀请毕加索和他狼狈的朋友住下，因此毕加索只能同卡萨杰玛斯找了一间小旅馆住下来。这时的毕加索知道了，马拉加已经不是他的家了。

毕加索对此感受很深，此外，他为卡萨杰玛斯做的一切都没有效果。毕加索把他带到酒馆，卡萨杰玛斯坐在那里喝个不停，仍旧一脸愁苦，没有丝毫高兴的样子。

毕加索把他带到吉普赛人的地方，聚集了一帮歌手和听众，本想让卡萨杰玛斯高兴起来，但没有用，卡萨杰玛斯失踪了，他搭火车前往北方去了。

1901年，卡萨杰玛斯回到巴黎，2月17日，他的身体状况有了好转。他写了很多信，还邀请朋友们当天晚上一起用餐。

在餐厅里，派亚瑞斯和其他朋友都在，赭曼妮也在。他们喝了几瓶酒，一起吃饭。卡萨杰玛斯看起来神经质又接近崩溃的边缘，在晚餐即将结束时，他站起来用法语讲话，一边说还一边把手伸进口袋里。

赭曼妮看到他掏出了一把手枪，吓得立刻蹲了下来，子弹只擦伤了她的后脖子。接着，卡萨杰玛斯把枪口对准自己的太阳穴，他朝自己开枪了，不到一小时，他就死去了。

第二章
不断改变的画风

马德里的时光

卡萨杰玛斯的死讯传到毕加索耳朵里时，他还在马德里。听到这个消息后，他由最初的惊愕慢慢变得平静，就这样经过了几个月的时间，这段时间里他的画作没有表现出任何变化。

毕加索在马德里的日子非常忙碌，他的一位朋友想和他合作发行一本关于文学艺术方面的评论杂志《青年艺术》，想让卡斯提拉人都知道卡达浪人们的现代主义。

毕加索负责其中的插图以及一些广告，有一本名为《马德里·艺术评论》的书就是这位朋友的作品，毕加索同样给这本书画了插图。

但这本书并没有发行，而《青年艺术》也仅在出版五期后宣告停版。毕加索在马德里的日子并不好过，他租了一间楼顶的房间，用仅有的钱买了一张铺着草垫的行军床、一张桌子和一把椅子，夜晚就靠酒瓶里的烛光工作。他对画画无比狂热，供水和光源非常紧张，他对饮食也尽量节俭，他抽了不少烟，但很少喝酒，最多喝点水。

然而这种斯巴达式的生活也是有极限的，他地中海式的活力被寒冷的气候麻痹了。

马德里的现代主义之风刚刚兴起时，毕加索早已经在巴塞罗那接触过，并在巴黎极大地吸收，有一段时间，他的作品甚至超越了这个阶段。对他来说，如果巴塞罗那都落后，那么除了普拉所博物馆，马德里就成了文化的荒芜之地。

毕加索在马德里还是认识了不少有趣的人，也卖掉了一些画，马德里的冬天即将过去，然而到5月的时候，毕加索却放弃了他的阁楼和行军床，回到了巴塞罗那。

毕加索带着他的大量用蜡笔画的作品，其中一幅叫作《侏儒舞女》。这幅作品非常刺激人们的眼球，表现狂野，构思独特，让人乍一看联想到残忍，再看一遍却感受到了残忍下的温情，一种沉默的同情。

毕加索决定去巴黎，同时也带了大量答应给曼雅克的画作。他没有在巴塞罗那停留太久。这段时期他举办了一次画展，但这次画展不是他个人的画展，而是同拉蒙·卡萨斯一起展出，他为能够和这位知名画家一同展出而感到荣幸。

巴塞罗那一本美术评论杂志刊登了一篇赞美毕加索的文章，是一位很有分量的评论家尤特里欧写的：

毕加索的作品非常优秀。它们是在他极具观察力的眼睛下诞生的作品，它们表现出美，甚至是丑陋的美，是一种画家忠实地看到他真正看到的东西而产生的美。这些展出的蜡笔画只是毕加索才华的一部分，这位艺术家会引起更多人的关注，也会引起企图突破既有模式，寻求更新艺术形式的人们的尊敬。

这种评论对于当时不满二十岁的毕加索来说是极大的鼓舞，但他并没有止步不前享受这种褒奖。他很少参加自己的画展，因为在画展中，画家等于赤裸地把自己展现给人们看，而且超出自己的控制，此外，即使他穿上最好的衣服站在那里，面对陌生人问他某幅画想要表达什么含义时，也会令他十分困扰。

画展还没有结束时，毕加索就到达了巴黎。住在克里奇大道一间寓所的曼雅克热情地接待了毕加索，并让他住下来。他还特意为毕加索准备了一场展览，跟波瑟·韦儿无关，而是在拉斐特路上的一个更大型的画廊里。

名人励志传记丛书

这次展览于 1901 年 6 月 24 日开幕，共同展出作品的画家是三十多岁的巴斯克·埃乡里诺，但更多的评论家的注意力都被毕加索吸引。极具影响力的评论家古斯塔维·科奎欧特这样评论：

年轻而粗糙的技巧从画作中源源而出，毕加索是个全然美妙的画家，他对所画事物的提升证明了这点。就像所有纯粹的画家一样，他对色彩十分崇拜，而每个事物都有色彩。他喜爱所有的主题，而任何东西对他来说都是一个主题——从花瓶里腾跃的光线，还有飞舞的、被光线充满的空气……

毕加索得到了赞美，更令他欣喜的是，他认识了新朋友麦克斯·杰克卜。这是一位极具感受力、聪明而又贫穷的评论家、诗人和作家。他对毕加索的作品印象很深，因此很想认识毕加索。

当时的麦克斯只有二十五岁，却比实际年龄看起来成熟很多。他很有天分，学识高，口才好，感性，不擅长和女人交往，是一个犹太裁缝的儿子。他留下了一张赞美的纸条给毕加索，曼雅克知道后，就请他到家里拜访毕加索。事后他这样描述：

他坐在一群穷困的西班牙画家中间，在地板上吃喝聊天。他每天画两三幅画，戴着跟我一样的高帽。有一段日子，他晚上都在音乐厅的布景后画明星的画像。

他们见面时，相互握握手，笑了一下。因为语言不通，就又握了一下手。杰克卜看了看毕加索已经完成的几幅画布，接着又来了很多西班牙朋友，很快，他们之间的拘谨就消失了，有人拿了一盘豆子，他们就坐在地板上吃着。晚餐结束后，除了毕加索，大家都开始用人声代替乐团，想要演奏一首贝多芬交响曲。

第二天，毕加索带着朋友来到杰克卜的家里做客，到了晚上，一些西班牙人已经回去了，身为翻译的曼雅克也睡着了。毕加索和杰克卜注视着墙上的道弥尔、加伐尼兹和杜勒的木刻，毕加索表示很想听杰克卜的诗，于是那晚他一直在听诗。黎明告辞的时候，杰克卜把墙上的木刻都送给了毕加索。

此后他们常常见面，毕加索和曼雅克的关系开始变僵。很少有人能把生意和友谊结合在一起，曼雅克也同样做不到。毕加索开始讨厌蜂拥而来的朋友，因为他们几乎成了他家的掠夺者。但比起卡萨杰玛斯的阴影，这些根本不算什么。毕加索住的地方距离他朋友自杀的餐厅只有几步路，毕加索整个在巴黎的日子总是会想到那个可怜的死去的朋友，这使得毕加索心情很坏。

这年的冬天，萨巴提斯来巴黎看毕加索。这里的一切都让萨巴提斯感到惊讶。早上十点，昏黄的橘色的太阳挂在天空，毕加索已经在车站等待他了，平时这个时候他还没睡醒呢。而当毕加索带他到自己的居所，给他看自己的画作时，萨巴提斯更加惊讶。

现在的毕加索同以前的毕加索完全不同了。他的一些色彩对比强烈的作品有梵高的影子；还有一些人像的色彩斑驳得如同扑克牌；也出现了一些丑陋的悲伤的人像；此外还有卡萨杰玛斯的画像，死的和活着的都有，一些站在开启的木棺旁边的哀悼者，还有一幅名为《招魂》的巨大画像，画的是卡萨杰玛斯的葬礼；还有一些好像来自另外世界的作品；一幅印象派画风的克里奇大道的画作；几幅静物作品。

然而更重要的是，所有这些作品都打上了毕加索的蓝色的烙印。

他指着这些全新的令人费解的画作问："你觉得如何？"

萨巴提斯说："我会尽快习惯它们的。"

毕加索并不以为然，他很快就出去为朋友找了一个旅馆的房间。

曼雅克有些沮丧，不仅是因为那些穷困的西班牙人，还因为毕加索令人困惑的画作。毕加索从巴塞罗那带来的斗牛画和在克里奇大道第一个月的作品都令人欣赏，当时的毕加索看起来是个有潜力的投资，但近期的作品实在令这个商人头疼。

商人对自己的行业还是了解得太少了！梵高活着的时候没有卖掉一幅画，而曼雅克手里握着无价之宝，却让毕加索走传统的商业路线。有钱有素养的艺术爱好者从来不想从音乐里听到某种故事，却希望能从买到的画得到某种意义上的文学含义。这样，当别人问他们作品时，他们就不会无话可说。有意思的是，很多年后，一个女人问毕加索："它象征什么含义？"毕加索说："它象征了两千万个法郎。"

毕加索在巴黎的日子是过着两种不同的生活，一个拥有旺盛精力的毕加索整日流连酒馆、马戏团、音乐厅寻欢作乐；另一个毕加索孤独、寂寞地工作着，好像失去了航向的帆船，除了作画时感受到充实外，一个目的地都没有。

杰出的艺术家总是寂寞的，人们无法帮助他，弄不好只会阻碍他。毕加索有一些很重要的东西想表达，然而不管梵高，或者塞尚，他们无法帮助毕加索表达出来，这根本只是毕加索一个人的事——他要么自己成功，要么彻底失败。一旦他失败了，他的生命就失去了意义。死亡和创作的一个共同点就是，处于两者之间的人不可避免的是孤独的。

那个年代的绘画艺术是没有生气的，毕加索只能独自为自己找一条出路。即使是那个年代的先驱奈比斯也不会明白他的，梵高早在十一年前就自杀了，高更在大溪地，塞尚在普罗旺斯，那位劳崔克已经去世很久。

毕加索当时并不认识马蒂斯或者布拉格，虽然他身边有一大群可爱的朋友，但他也只能跟杰克卜谈谈画里更深层次的含义，这是因为语言的障碍绑住了他。毕加索现在已经懂得一些简单的法语，却达不到艺术交流的状态。实际上即使他能说流利的法语，也比不上他在画里表达得那么深刻。

毕加索在离开巴黎之前给自己画了一张画像，裹在黑色大衣里的半身男子，黑色的头发和厚重的大衣与他苍白的脸庞形成强烈的对比。

他脸上有一圈胡须，一些杂乱的小胡髭，大大的眼睛深深地凹陷，凝望着远方。这张面孔不再年轻了。毕加索的生活非常艰苦，并且饱受寒冬的折磨。实际上，不仅如此，他复杂的脸上还刻画着不同的折磨、内在的冲突和深深的忧郁。

萨巴提斯说："他认为艺术是痛苦和悲伤的孩子。只有悲伤才能适合沉思，而生命的本质就是痛苦的。"

任何看到过毕加索这张自画像和这一时期他作品的人都会认同这样的说法。

1902年的春天，萨巴提斯再次见到毕加索，这时的毕加索已经回到巴塞罗那，并且在家附近租了一间阁楼当作画室。这间画室在地中海阳光下显得分外明亮，跟巴黎的寒冬形成鲜明对比。然而此时的毕加索的画风仍处于蓝色时期，甚至比以往的颜色更蓝。

直到秋天，毕加索都在巴塞罗那努力工作着，形成了一种固定的生活方式：每天工作到很晚，然后很晚起床，到"夸特·加兹"酒馆聊天，一直聊到早晨。接着，等人们都回家睡觉后，他还会在凌晨的清风中高兴地漫步。

这几个月里，毕加索仍然持续在巴黎时期的创作路线，并且延续得更加彻底。总体风格是蓝色的，并且开始重视单一的形象。物体线条也不再复杂，外部轮廓更加突出，单一的色块开始取代细节。从他画画的对象可以看出他对这个社会的抗议——抱着孩子的贫穷妇女、盲人、流浪汉、疯子。

每次毕加索画这些主题时，他都十分清楚自己的想法，当时他的生活经常跟工人阶层有紧密的联系，这些人的工作情况让人无法忍受，以至于他刚回来的那一个月就发生了几次暴动，到2月时甚至发生全面的罢工。

政府派了韦勒将军处理，韦勒将军采取强硬手段压制工人，最后导致政府垮台。不过几个月后他们就东山再起，工人阶层再一次受到压迫，很多工人还被关押甚至处决。

毕加索在巴塞罗那的生活并不快乐，1902年10月他第三次北上。他满怀期望，因为头几次虽然没有赚到钱，但认识了很多朋友，对一个年轻画家来说，前途还是光明的。

然而，这一次并不顺利。毕加索先在拉丁区的艾克斯旅馆住下，这里离他的所有朋友都很远。接着，他搬到了一家位于塞纳路的更便宜的旅馆，跟雕刻家阿加洛合住一个小房间。

小房间里的一张大床几乎就占满了整个房间，所以当雕刻家走动的时候，毕加索就得躺下。他们所有工作的光源就是小小的圆窗，不过这没有阻挡毕加索画了大量作品。这里房租很低，一星期才5法郎，不过他们还是几乎拿不出，麦克斯·杰克卜留意到"毕加索和他的雕刻家朋友几乎不怎么吃饭"，因此常常带一些炸马铃薯给他们。

当时二十六岁的杰克卜曾经是一个律师的秘书，也做过保姆、钢琴老师和艺术评论家，现在靠当家庭教师维持生计。不过，现在情况好多了，他的一个有钱的亲戚在伏尔泰大道开了一家商店，他成了店员。杰克卜在附近租了一间在五楼的小房间，没有暖炉，只有一张床，不过他还是立刻请毕加索过来住。

毕加索喜欢在阳光充足的地方工作，这里正适合他。白天在房里睡觉，晚上等杰克卜回来时，他就起床，画上一个晚上。

有一段时期他过得很自在，因为有煎蛋卷和豆子可以吃。不过，杰克卜不喜欢朝九晚五的工作，在店里的表现并不好，而且总是很潦倒，所以虽然是亲戚，他还是很快被开除了。

在穷困的日子里，有一次，毕加索和杰克卜买了一个肉卷，拿回家里加热时，肉卷不断膨胀，最后炸了开来，除了皮和烧焦的肉味外什么都没剩。

这件事他们一点都不觉得有趣。没什么人想买毕加索的画，虽然波瑟·韦儿曾经在一年里为他举办了三次画展，查理士·莫利斯也曾在评论中对他赞扬：

这个年轻人的作品里展现出不凡的、孤独的悲伤，这些都是不可限量的作品。毕加索在认字之前就学习画画，似乎冥冥中担负着一切存在事物的任务，而他用画笔来表达。

可以说，他是想要重整世界的年轻的神祇，也是一个忧郁的神祇。他的画作上的人物都是痛苦的，没有一张面带微笑。这是不可避免的吗？我们无从知晓。但肯定的是，他的作品蕴藏力量、天赋和才华。

窘迫的生活让毕加索不得不回家了。他 200 法郎卖掉了一大堆画给任何想要它们的人。这时正是 1 月，为了取暖，他还烧了不少素描和水彩画，如果留到今天将价值连城。

重回巴塞罗那的毕加索，仍没有摆脱卡萨杰玛斯的阴影。在过去和卡萨杰玛斯共同工作的画室里，总是可以引起毕加索的回忆，甚至那些他们曾经画上去的，画在墙壁上的家具和佣人也都在。

他开始画草图，酝酿着他这个时期的最重要的画作。这幅被很多评论家和画商看重的名为《生命》的画作，其含义后来有很多种解释，但肯定的是，都跟卡萨杰玛斯有关。

《生命》这幅画虽然很早就起草好了，但真正开始动笔是在

1904年年初。为此毕加索做了很多准备，他找了派亚瑞斯、萨巴提斯和酒馆里的朋友，生活中的线索一点点串联起来，帮助他找回了记忆。

然而，1903年巴塞罗那的政治局势影响了毕加索。随着学生运动兴起，政府关闭了大学。这一年里的罢工有十三次，有些还伴随暴动。政府镇压的手段暴力而血腥。失业率增加，流浪汉、盲人、乞丐、瘸子、老人的命运更加悲惨。

这些都从毕加索的画中反映出来。在这一年毕加索的作品里，有画着一位老年乞丐，身边跟着一个目光清亮的男孩的画作《老犹太人》；有画着一位脸颊瘦削，一手拿着面包，一手摸索着水壶的《盲人的晚餐》；还有《老吉他手》等。毕加索对贫穷、失明、孤独有着特殊的关切。

毕加索在蓝色时期的最大幅的油画就是《生命》，很多看过的人都想解释其中的含义，而且他们的解释似乎比毕加索本人知道得还多。有些人会这样说："毕加索不自觉地想表达……"或者是"毕加索没有察觉到，但他说出了……"

而毕加索是这样说的："《生命》这个名字不是我取的，我根本不想象征什么，我只是把浮在我眼前的景物画下来，给它们找解释是别人的事。我只知道，一幅画本身就足以解释它自己，一切本来就很清楚，要太多解释有什么用？一个画家只能用一种语言……"

这幅画的左边是两个裸着的男女，男人是卡萨杰玛斯，女人的两只手臂依靠在他肩膀上，卡萨杰玛斯的手摆得很低，指着对面一个年老的女人。这个女人光着脚，身着蓝色的长袍，手里抱着一个婴儿，默默地注视着这对男女。

画的中间是两个互相抱着的裸女，年轻的好像在安慰年老的。下面是一个体格较大的女人，她坐在地上，头靠着膝盖。整幅画给人一种压抑、沉重、郁闷的感觉。

毕加索在创作这幅画期间，萨巴提斯经常陪伴他。一天，当他们在酒馆里和朋友一起聊天，话题变得沉闷时，毕加索瞥了萨巴提斯一眼，说："你来不来？"然后站起身，走了出去。

在回去的路上，毕加索说："你不觉得他们好像是笨蛋吗？"然后就不再说话了。到了画室门口，他一把就把萨巴提斯推了进去。

毕加索用锐利的眼光看着萨巴提斯，在书架上放了一张画布，然后说："我要画你的肖像，可以吗？"

他需要一个伙伴，但必须是不会说话的那个，因为他不想说话。萨巴提斯站在那里，没有说话，任由毕加索专心地画着。终于画好了大概，毕加索把画笔一丢，喊道："嘿，你怎么不说话，兄弟？你的舌头没了吗？别人以为你生气了呢！"

于是，他们就快乐起来，变得高兴又健谈。他们一起出去散步，觉得世界还是美好的，人们也变得不再讨厌。

第二天，毕加索又在画上加了几笔，完成了肖像画。当然，这幅肖像画也是蓝色的，嘴唇却是饱满的红色，领带夹用的也是亮丽的金色，这都是过去没有过的。这是一种令人期待的新的尝试。

斐南蒂·奥利维亚

1904年4月，毕加索节衣缩食，东拼西凑，用卖了一些画得到的钱来到巴黎。他在拉维南街13号租到一间画室。13号是用木头、锌片和肮脏的玻璃组成的五层楼房，楼顶横七竖八地伸出很多烟囱。

麦克斯·杰克卜认为这幢房子跟塞纳河上载有洗衣妇的船只很像，因此把它称为"洗衣船"。实际上，这里确实住了一些洗衣妇，此外还有女裁缝、很多画家、雕刻家、作家、演员和菜贩。

毕加索的画室是在长道的最里面的那间。在这里，他认识的大部分是西班牙人或者卡达浪人，包括罗卡洛、比科特，还有当时有名的苏洛加，有第一次教会他蚀刻的康纳斯、杜利尔和马诺洛。

毕加索和马诺洛的友谊持续了一生。毕加索很欣赏他的雕刻，而马诺洛也很喜欢毕加索的画。但事情并不只是这样。马诺洛年长毕加索十几岁，又是私生子，在很小的时候就开始在巴塞罗那的街上乞讨，因此变得十分精明，那些难听的字眼，如小偷、强盗等都曾经加在他的身上。

他曾经趁杜利尔不在的时候把他墙上的高更画都卖掉了，又趁杰克卜睡觉时偷走了他唯一的裤子，只是没人肯买，只得还了回去。马诺洛极端机智、乐观，甚至连认识他的受害人都会原谅他。在他眼里，毕加索就像一个孩子，而毕加索感到跟他在一起很快乐。

"洗衣船"里还有一个住客，这是个叫斐南蒂·奥利维亚的法国女人，他被神志不清的雕刻家丈夫抛弃了。她经常看到毕加索和马诺洛在一起哈哈大笑，有时在小庭院的树下聊天很久，有时还跟当地的小孩在地上画小鸡。

她感到困惑，不知毕加索还有什么时间工作，后来才发现，那是在夜深人静的夜里，在烛光或油光的照明下。

这时的毕加索已经二十三岁了，斐南蒂也和他差不多年纪，她是一个高个、美丽、爱睡觉的女人。一个闷热的午后，她走进屋里躲雨，看到毕加索也在这里，怀里抱着一只小猫。毕加索挡住了她的去路，他们两个都笑了。经过一番交谈后，毕加索把小猫送给她，并邀请她到房间里看自己的画作。

斐南蒂也看过不少画作，这种特别的画却是第一次见。不仅因为它的杂乱，而且它们还都是蓝色的。虽然她觉得有些怪异，但还是很喜欢。

她还看到了一幅蚀刻，画了一对羸弱的夫妻坐在桌子前，桌上放着一个酒瓶、一个空盘子、一个空杯子和一块面包，饥饿的男人把脸转向妻子，手臂却围着妻子的肩膀，另一只手握着她的手。这幅蚀刻就是后来非常有名的《淡薄的一餐》。

　　过了一段时间，斐南蒂就跟毕加索住在一起了。具体的日期不清楚，然而就是同一时间里，毕加索的"蓝色时期"结束了，不久，就进入了"玫瑰时期"。

　　毕加索在巴黎的时间并不长，但他创作了不少作品，也结交了不少法国的和不太会说法语的朋友，比如，阿波林纳、弗瑞第、沙蒙、雷诺等。阿波林纳是一个活跃积极的小说家、诗人，他和毕加索以及朋友们经常一起到"丁香园"去，并在那认识了更多的诗人和作家。

　　有一位叫阿弗雷·加瑞的诗人很喜欢毕加索，送给他一把小勃朗宁手枪。毕加索经常把它放在口袋里，每当听到有人出言侮辱塞尚时，就会把它掏出来放在桌上，说："再说一个字我就开火。"

　　毕加索在其他画室也认识不少朋友，"洗衣船"的每一个住客也都认识了毕加索。阿波林纳和毕加索的西班牙朋友经常不请自来，毕加索和斐南蒂就一起同他们用餐。

　　此外，他们还养了很多小动物：一只小老鼠、很多猫、很多狗，还有一只小猩猩。毕加索喜欢动物，还经常跟朋友去马戏团玩。他喜欢那里的欢乐的气氛，那里的人们全然的职业化训练表现出特有的艺术表现。

毕加索的经济很不稳定。他已经很久没有做任何展出了，不过，他还是跟几个画商保持联系，比如，沃拉德、波瑟·韦儿、克劳维斯·沙果。有一段时间毕加索发现自己欠了颜料商九百法郎，颜料商因此断绝了对毕加索的供应。

这意味着画家要失业了，但沃拉德并没有买他的画，沙果买画也只出很低的钱。没有办法，在这段时间里，毕加索经常把画画在用过的画布上，甚至是背面。

这样的状况持续了大半年，跟1904年的情况一样糟，偶尔卖出的画只能保证他不至于饿死。当时的社会没有保险，因此对失败的人来说是很残忍的。毕加索的日子过得很困窘。

不过，很快就出现了转机。"蓝色时期"和"玫瑰时期"的作品开始被人们接受，甚至到了喜爱的地步。到11月，史丹夫妇逛街时在沙果的店里看到了毕加索的画，很快对他产生兴趣。

他们第二次来到店里时，沙果拿出毕加索的《拿花篮的小女孩》给他们看，里奥·史丹立刻花了一百五十法郎买下了它，并把它带回家，史丹夫妇将毕加索的画同塞尚、高更和马蒂斯的画放在一起。

后来有一位法国作家把史丹夫妇带到毕加索的画室，他们又一次性买了毕加索八百法郎的画。这次见面对毕加索很重要，不仅因为他在经济困难的时候得到了一大笔钱，而且史丹夫妇还是他最稳定、最不挑剔的顾客。

更重要的是，通过他们，毕加索的好名声一下传开来。史丹夫妇很喜欢毕加索，还邀请他和斐南蒂到家中共进晚餐，此后他们来往越来越紧密。毕加索对史丹夫人的样貌很着迷，也为她画过很多肖像。一直到多年后，毕加索不再需要买主时，他们仍然保持着亲密的关系。

这次会面也让毕加索跟马蒂斯结下了深厚友谊。毕加索在1902年跟马蒂斯一起开过画展，但他们双方当时没有见面。一次，史丹夫妇带着马蒂斯和马蒂斯的女儿玛格丽特去拜访毕加索，五十年后，玛格丽特仍然记得当时的一切，还有他们房间里那只巨大的叫"飞卡"的母狗，她判定它是一只圣伯纳犬。

玛格丽特还清楚地记得，斐南蒂非常漂亮、和蔼可亲，高个子，她帮他们准备咖啡的方式也让她记忆深刻——她走到橱柜前，用手捞了一大把糖，然后把它撒在桌子上比较干净的一块地方。

当时的马蒂斯一贫如洗，也没什么名气，但他已经是一个优秀的具有争议的人物了。他是野兽派的代表，他那野蛮、色彩强烈的画曾经在1905年的秋季沙龙画展上让人们惊叹，也就是在这之后，引发了一轮争议的热潮。

1905年时马蒂斯三十五岁，毕加索二十四岁。马蒂斯是个身材高大，有着漂亮胡须，模样招人喜欢的人，不仅阅历丰富，而且有着很好的修养。

他是一个典型的法国北方的中产阶级，性格有些含蓄，但在社交上游刃有余，特别擅长富有礼节而智慧的谈话，而且他喜欢跟家人在一起。对他来说，妻子和女儿是最重要的。除了绘画上的共同的狂热，他与毕加索两个人几乎没有任何相同点。马蒂斯吸引毕加索的特别之处就是，他取得的成就一直激励着毕加索，并成为毕加索在创作上评判自己的标杆。

马蒂斯也很喜欢毕加索，后来他把一个来自莫斯科的有钱人瑟盖·舒金介绍给毕加索。这位收藏家经常来巴黎，他第一次到拉维南街时就买了毕加索两幅画，并且出手大方。

此后一直到1914年，他至少买了毕加索五十多幅画。之后，还有糖业富豪伊凡·莫洛索夫买了不少毕加索的画，就是因为这些，俄国拥有了毕加索从蓝色时期到分析立体主义期间的不少画作。

马蒂斯和毕加索都明白这些有钱的富豪对他们的重要性，他们不否认金钱的价值，但两人也明白有些东西远远大于物质。对他们来说，受到激励、鼓舞就是一种财富。毕加索说过："成功如此重要。有人说艺术家应该为自己、为对艺术的热爱而工作，渴求成功是一种讽刺，这并不正确。艺术家需要成功，不仅为了生活，也为了能认清自己的工作。"由此可见，毕加索大脑十分清楚。

成功是重要的，而毕加索也正在慢慢接近成功。在当时，蒙马特有很多找乐子的巴黎人到访。此外也有少数外国人到访，比如，匈牙利人、德国人、捷克人、苍白高个的瑞典人，他们是为了关心艺术而寻找优秀的艺术家。

一些人找到毕加索，并询问他画里的含义。毕加索一辈子都讨厌这样的问题，而这样的问题总是阴魂不散地缠着他。

他生气地喊道："怎么不去问鸟唱的歌是什么意思？为什么人们热爱夜晚、花朵和我们周围的一切，却不试着了解这些呢？可是，一提到绘画，总是想去了解……"

毕加索晚年的时候，喜欢用开玩笑式的粗鲁的语气对付这样的问题。而在年轻的时候，他的方式更加粗暴。有一天晚上，他被餐厅里一群热情的德国人烦得要死，于是走了出去，德国人非常奇怪，也跟着他走出去，走到一个广场，毕加索转过来，拿出他的勃朗宁手枪，连开了好几枪。这真是让人记忆深刻。

并不是所有人都这样令人厌烦，事实上，有些访客还能带来不少金钱。一天，温德拉来到"洗衣船"，把毕加索所有的画作全部买光，付了两千法郎。看着这样一大笔钱，毕加索决定好好度个假，于是和斐南蒂搭上了去巴塞罗那的火车。

斐南蒂的到来没有让荷塞一家有多惊讶，但也没有让他们不高兴。他们都很喜欢斐南蒂，并催着他们快点结婚。而她也没有告诉他们自己那位疯子雕刻家丈夫。在当时，包括派亚瑞斯在内，毕加索的所有朋友都很喜欢她。

巴塞罗那只是他们的第一站，待了几天后，他们就来到了比利牛斯山高处的山城高索。

高索跟欧塔的生活方式类似，并且也在卡达浪语言和文化圈子内，因此毕加索感到很亲切。他住在唯一的一家客栈里，跟当地的村民成了朋友，并且开始作画。

一开始，他还延续着古典画风，形体柔和，并且大多用粉红色，有些作品甚至只有这一种颜色。其中有一幅斐南蒂的画像，此外还有一幅裸体的人像，画里的女人把手举在头上，对着镜子梳理头发，镜子由另一个穿着衣服的女人拿着。然而不久后，他的画风变了，线条开始变硬，粉红色不再鲜艳，人像变得没有表情，如同面具般。

有一幅巨大的油画《送面包的人》就是这类画风：一个带着头巾的女人和两个黑面包，面包下是白色的垫子。这样的画风在毕加索回到巴黎后更加突出。

1906年夏天的几个月，毕加索过得十分惬意，他不仅创作不少画作，还通过在乡间的生活恢复了健康，他的精神和心智更加"强壮"。

这样的日子本来可以持续到秋天，但客栈里的一个小孩得了伤寒病，这种病当时很可怕。毕加索一直惧怕疾病，他认为那是死亡的预兆，因此他决定马上回到法国。

回到巴黎后，毕加索用在高索创作的画填满了画室。上一次唯一留在画室的就是一张没完成的史丹夫人的画像，脸孔部分还是空白一片。

他此时还没机会再见她一面，就凭借记忆完成了这幅画。现在，她美丽的脸被一张面具取代，专注而严厉的脸上，有一双高低不平、大小不一的眼睛。朋友们看到后都被吓坏了，而模特本人史丹夫人却很高兴。至于"像不像"的问题，就像毕加索所说的，随着年龄的增大，她会越来越像这幅画。

这幅画后又是一幅自画像，而面具的特性更加明显。随后又出现两个裸体女像，她们高大、粗壮，如同雕刻般，是淡红的铜色，用传统的眼光来看是丑陋的，并且没有任何情感，整个画风跟粉红色时期截然不同。

这个时期他已经了解野兽派了，也知道自己并不适合这种表现手法。此外，塞尚在10月去世了，他死后的展览更打动了毕加索的心。

他是毕加索崇拜的对象，毕加索看过他很多画作，也越来越发觉塞尚同自己一样，被相同的问题困扰着。塞尚说的"用圆柱、圆形和角锥处理自然，并纳入配景……"引起了毕加索的共鸣，两位伟大的艺术家两个相似的灵魂走到了一起。

1906年秋天一直到1907年春天，毕加索的内心一直在煎熬，他经过不断的尝试，创作了一幅极具野心的作品，在这幅作品中他把自己对雕刻、绘画的观念和其他东西结合在一起，这是关于质量、空间、体积、平面和线条的所有的概念。

1907年的春天完成的作品上有五个女人，这是一次大胆的创新，她们的感觉和人性都被抽象化：她们粉红色的身体没有任何修饰，在画面上排列成左下方到右上方的对角线形式，其中一个以蹲着的姿势在右下方。左边的三个女人有着高索式的眼睛，另外两个的头上能看到鼻子的轮廓，并且十分尖利，她们的身体部分是由直线和有角的平面组成的。

她们的背景是一片蓝色，她们右半边以一种扭曲的力量表现：蹲着的女人的脸转向右方，形状凌乱而野蛮，上面站着的女人的脸是一个长的突出的鼻状物，很像某种刚果面具。

这是毕加索第一幅立体派的成品画作，也是具有划时代意义的可怕的画作，它展现出的全部潜力和崭新的审美观，如同一颗无政府主义的炸弹一样投进了西欧的绘画界。

毕加索邀请了一些朋友来他的画室，希望能传达这个来自另一个世界的信息，一种不以美为美的审美观，但他失败了。因为他的朋友没办法读懂它，这些朋友们，他们的反应是慌乱、震惊、惋惜，甚至是嘲笑和愤慨。即使是有着鉴赏能力的舒金也发出感慨，说这是"法国艺术的沦落"。

这枚炸弹没有立刻释放它的威力，而是在一连串缓慢的强化过程后得以释放的。最终，这幅《阿比南少女》被公认是这个世界最有冲击力的伟大画作。

一段难忘的经历

《阿比南少女》获得的评价使毕加索的自尊心受到了很大的伤害。布拉格说："你想让我们去吃煤油、喝煤油为生吗？"马蒂斯则非常生气。

当时里奥·史丹说："你想要画四维空间吗，太可笑了！"并还加上了驴子一样的长笑。而沃拉德说："这简直是疯子的画作。"因此，毕加索沉默地把画收起来，此后的十多年都没有拿出来。

他不同于常人的地方是他没有沉浸在别人否定的话语里。他知道他距离成功还差得远，但信心十足。

毕加索认为绘画必须经过不断的尝试，《阿比南少女》是他立体派边缘的尝试，但他在走这样的道路之前，他的追求把他引到了对体积和形状的研究上，因此他经历了一个"黑人期"。

1905年时，布拉格、马蒂斯、佛拉明克等比较前卫的艺术界人士都很崇尚并收藏了一些非洲雕刻，并把它们称为"神物"，他们只是欣赏它们。毕加索却用最原始的眼光看它们。因为最初的好奇，毕加索走进了"人种博物馆"，并且受到了黑人雕刻的启发。

1937年，毕加索曾经谈到过这段难忘的经历：

……对于马蒂斯或者迪伦来说，这些黑人面具不过是雕刻品……放在那博物馆里，只有我自己，因为那种气味很刺鼻，我想走，却没有走，我感到有一些重要的事要发生了。

那些面具绝对不是一般的雕刻，它们有某种魔法。我之前不了解这些，只把它们当作普通的雕刻。它们是仲裁者，可以抵御任何事情，包括未知的、恐怖的神灵。

我一直注视着它们，然后忽然发现我也在抵御某种东西。任何事情都是不可预知的、敌对的，任何事情！不只是这些或那些，而是所有事情，不管男人、女人、老人、小孩、动物、抽烟……任何事！我明白了黑人的雕刻对他们的意义。

为什么偏偏要刻成这样特殊的形状？他们根本不是立体主义者，因为立体派不存在……所有这些"神物"的用处都是武器！用来帮助人们免受神灵伤害，得到独立。它们是工具。

如果你给神灵赋予形象，就能够摆脱它们。不管是神灵还是潜意识，或者是情感，它们本质都是一样的。也就在那间四周环绕着满是灰尘的面具、印第安玩偶和神像的博物馆里，我终于明白了我为什么成为画家。

从1907年到1908年，毕加索除了收获一大堆面具外，还对塞尚有了更透彻的了解，同时跟布洛加和罗梭结下了友谊。

1907年的秋季沙龙举行了一个塞尚作品回顾展出，毕加索对他更加崇拜。尽管内心坚定、个性坚韧，但毕加索的灵魂还是孤独的，并且常常受到疑惑的拷问。当他发现一个相似的灵魂跟他向一个方向前进时，他深深地感受到快慰，并增加了自己前进的动力。

毕加索说："他是我唯一的老师……我花了很多年研究他的作品……塞尚，你可以称他是我们这些人的父亲，他一直在照顾我们。"

当时布拉格是野兽派的代表，他和毕加索的友谊是阿波林纳带他去看《阿比南少女》时结下的，乍看下，他完全不能接受这幅画传达的观念。

为此他和毕加索争论了几个星期，最后还是不以为然。但塞尚和毕加索的话和一些例子对他产生了作用，布拉格开始进行更多尝试，在1907年创作了《大裸体像》，有了绝对的立体派画风倾向，到1908年夏天，他朝着这个方向迈进一大步。

1908年，毕加索买了第一幅亨利·罗梭的画作。这幅巨大的油画是一位波兰女教师的肖像。

毕加索这样说道:"看到它的第一眼我就被迷住了。我正在马泰尔街上走着,一个旧货店的门前摆着几大包画布,一个头像露在外面,那是一张有着凄苦严肃的女人的脸……那是法国式的观察力,果断、清晰,而且很大。我问了价钱,只要'五个法郎',那个商人说,'你可以在上面画画'。"

那时的罗梭六十四岁了,是个胆小、害羞、有着灰色胡子的人。他是自学成才的画家,他的一生里很少有人知道他的价值。他的画作现在摆在卢浮宫里,人们都承认他的画价值很高。但在那个年代,顶多只是被轻微地赞美一下,大多数是嘲讽。毕加索感慨他的才华,决定为罗梭举行一场宴会以赞美他。

这个决定很冒险。罗梭像个孩子一样容易感动,而被邀请来的客人几乎没有一个欣赏他的才华,很多人把这次宴会看成一种捉弄,赭特露德·史丹说那是"有意思的玩笑"。并且,毕加索和斐南蒂没有一点办宴会的经验。

然而,宴会还是如期举行了。玻璃杯、陶器、刀叉、汤勺都借齐了,毕加索把买来的那幅画挂在非洲木雕中间,在梁柱上挂起中国灯笼和彩色花环,挂了一段长布,周围插满小旗子,上面写着"向罗梭致敬"。

食物是从餐厅叫来的,还有很多酒水。邀请的客人有:阿波林纳、里奥·史丹夫妇、爱丽丝·托拉克丝、布拉格、比科特、赭曼妮、阿盖罗、雷诺,还有一些年轻女士,总共有三十人。

宴会刚开始时不大顺利。客人们在晚餐开始前在附近的酒吧里喝开胃酒，结果时间太久，其中一个客人已经醉得晕过去了，其他人还开始向美丽的玛丽·劳伦辛灌酒，因此到达画室时，她一下就跌倒在沙发上的一盘果酱上，然后浑身沾满奶油和果酱地跑去拥抱其他人。

每个人都入座了，在欢呼声里，阿波林纳引领贵宾罗梭到达，罗梭看着那些灯笼，腼腆的脸上露出愉快的笑。他被安置在一个专门的座位里，宴会开始摆上几道菜后，诗歌和演讲也开始了，阿波林纳朗诵了他的即席之作：

记得阿兹提克的风景吗，
罗梭，在那片芒果和凤梨丛生的树林，
猴子把西瓜敲出了血，
以及被射死的一头漂亮头发的国王。

我们聚集在此庆贺你的大名。
现在正是把酒言欢时，
让我们干了这杯毕加索向你致敬的酒，
一起高呼"罗梭万岁"！

还有更多的诗歌和演讲，更多的致敬的酒，而罗梭已经喝了很多酒，他在灯笼下睡着了，蜡油在他的头上滴了一小片，幸好没有烫到他。

宴会还在进行，沙蒙突然跳上桌子，念了一番颂词，喝光了杯里的酒，然后变得疯狂起来。本来他打算模仿精神病发作的痉挛表演，用肥皂代替口里的白沫，但酒精让他失去控制。在接下来的混战中，那些木雕受到了威胁，不过布拉格保护了它们。毕加索把沙蒙拖走，并锁在一个衣帽间里。整个宴会罗梭一直在打瞌睡。

歌唱开始了，一些歌是玛丽·劳伦辛唱的，一些是罗梭唱的。罗梭拉着小提琴，一会儿就又睡着了，只是偶尔醒来礼貌而专心地听邻座说话，或者安静地讲述他在墨西哥的经历。

凌晨三点时，史丹夫妇离开了，带着罗梭一起打车离去。毫无疑问，毕加索达到了他的目的，他让罗梭度过了一生中最快乐的一天。毕加索的坦率让罗梭体会到宴会美好的一面，他忍不住给毕加索写了一封关于他美好感受的信。

这段时间是毕加索社交活动最频繁的时期，除了卡达浪的画商和朋友，毕加索总有很多访客。虽然不能接受《阿比南少女》，但舒金还是经常买他的画，另外还有一些外国人，包括德国人、俄国人、匈牙利人和中国人都来买他的画。

毕加索也常到朋友家做客，他们在那里变得亲密无间。赫特露德·史丹有一张毕加索的照片，照片中的毕加索看起来很像矮小却气场十足的拿破仑，旁边是高大的四个侍卫：迪伦、阿波林纳、布拉格和沙蒙。

这年的夏天，毕加索在乡下度过，在秋天回到巴黎时，毕加索和布拉格发现他们在夏天的作品已经走上同一条创作之路了。

布拉格的风景景物不再有野兽派痕迹，比如，1908年他向秋季沙龙提供的七幅画作就抛弃了过去无限制的强烈色彩对比，而是形成规范的、几何式的画，色彩被极大地限制了。因为沙龙不接受其中的五幅画，布拉格愤怒之下收回了全部的画。

在同年11月，坎韦勒在他的画廊里展出了布拉格的全部画作，并且加上另外二十一幅。野兽派艺术评论家路易士·瓦克塞说："布拉格是个很勇敢的年轻人……他创建了扭曲的、金属般的、简化极致的图样，他鄙视形状而简化了任何东西：视野、人物、房屋、植物等都成了几何的立体式的方块。"

后来这样的创作作品流行起来，特别是在1909年，毕加索从欧塔带回更多类似的画后，毕加索和布拉格以及其他画家就被大家公认为是立体画派的代表。

首开立体画派之风

对毕加索来说，立体主义是他想表达的东西的语言，用它表达恰如其分。这种语言不好不坏，但跟过去的画派截然不同。有人问他这样做的目的是什么，他说："我只是画画而已。我一边画，一边寻找表达的方式，抛弃无用主义，只是用跟我的思想有关的，不让自己受到客观和真实的影响。既不好也不是真实的，既不是有用的也不是无用的。我的思想已经脱离一切外在的限制而成形，我创作时是不管公众和评论家看法的。"

他还说："很多人认为立体主义是一种过渡的艺术，是为了达到隐藏的目标而做的实验。这样想的人一点都不了解它。立体主义不是种子，也不会萌芽，而是加工形状的艺术，一旦察觉出某种形状，它就被赋予了生命。比如，矿石的几何形状并不是为了某种过渡的目的而产生的，它会一直保持它原本的形状。如果我们把它加在艺术上，就不得不承认立体主义也是一种过渡的艺术，但我确定它只会演变成另一种形式的艺术，其本质还是立体主义。"

"美"跟"爱"一样，一直是人们争论的话题，因此无法给出确切的定义。然而它还是有意义的，毕加索对美有强烈的感受力，并且扩大到人们排斥的东西。

对毕加索来说，美无法被划分等级，因此当他建议把狗屎涂在画布上时，他也许并不是开玩笑。

这种对美的感受和对物体的关注发生在小孩子身上是很平常的。很多人都记得自己观察过沙滩上的石子、水坑里的油彩，而这种关注随着年龄的增长而逐渐消失了。

社会、道德和审美观把人们磨成了相同规则下的产物。然而这件事并没有在毕加索身上发生，因为他的天性远超过普通人的境界。

他一直没有放弃自己的理念，这种对美的感受力在他心中越来越强烈。他经常去说服接受他理念的人，告诉他们还有其他价值的存在。比如，他画了一只山羊，这只山羊违背了一切学院派的传统美学，却让更多的观赏者享受到了这只动物的精粹。

起初，很多人不理解是正常的，因为毕加索的画并不是模拟一些已经存在的人体、房屋或树木，而是为了物体本身而做出的一种创造，是一种对物体本身价值及其相关价值的表达。

这种创造没有脱离原本的价值，相反，是展现出更多新的层面。不同的是，毕加索用了一种常人难以理解的方式表达。实际上，在那个年代，人们很难理解毕加索的画。即使到了今天，也很难把毕加索的语言良好地表达出来。

戈梅士曾经用一段艺评家和哲学家之间的对话来比喻类似情况。

艺评家说："说实话我并不反感这些画，但我不了解它们，因此没法喜欢。"

哲学家说："你今天午饭吃的什么？"

艺评家说："牡蛎。"

哲学家说："你喜欢牡蛎吗？"

艺评家说："很喜欢。"

哲学家说:"那你了解牡蛎吗?"

……

一个开放、自由的心灵,是不需要绕弯就能直接抓到重点的。毕加索给沃拉德作的立体派画像成为画商朋友们取笑的对象——"它表达了什么呢?哪一边是上面啊?"但是,一句话都说不太清楚的小孩子,一看到这幅画就立刻说出:"那是沃鸦(拉)德先生。"

1909年的夏天,毕加索和斐南蒂来到巴塞罗那,在那里同家人度过了一段日子,并且再一次见到他所有的朋友,特别是派亚瑞斯。

派亚瑞斯立刻写信给叔叔,请他安排毕加索二人在欧塔的假期。毕加索为派亚瑞斯画了一幅美妙的肖像,派亚瑞斯则给毕加索一幅欧塔的圣塔巴巴拉山的风景画作为回报。

不久,毕加索来到圣塔巴巴拉山,并把他在这里受到激励的风景融入进他的立体派画作里。

这些作品表明了他的目标。现在他已经不再疑惑。黑人期的试探,以及"塞尚式"的立体主义,甚至不久前替派亚瑞斯画的肖像画,都被他抛诸脑后。他终于看清了自己的路。

这条路从《阿比南少女》一直走到完整的立体主义。再加上此时他周围环绕着乡野、热情以及他喜爱的味道、他亲切的老朋友,一切都让他的精力空前旺盛,他也更加努力的工作。

毕加索先从风景画开始，圣塔巴巴拉山的锥形山峰，还有巨大的水池。颜色多用淡银灰和加塔罗尼亚式的茶色。而原本就充满立体感的小镇，只要稍微简化就完全能与毕加索的观念吻合。

但毕加索狂放的思想里，那些分崩离析的岩石、支离破碎的平面，大都是菱形的，并被重新组合，它们有时相互重叠，有时有明显的界限。

在某种情况下，这种几何的处理延伸到天空，闪着金光的晶状体整合成完整的画面，其深度跟传统的透视法完全不同。

这种分析在毕加索所画的头像上尤为显著。斐南蒂的肖像画里，她的脸被打成很多弯曲的平面，她的额头以及背景的花盆呈现严整的角度。

而另一幅画则是由直线完成的，完全是另一番景象。后来毕加索去巴黎后铸造的一座铜像上，将这两种手法结合起来，成为毕加索最为杰出的雕像。可以说，毕加索将二次元的平面同三次元的形体的结合达到了当时艺术的顶峰。

1909年，沃拉德为毕加索举行了一次画展，令所有批评家意外的是，立体主义被更多人认可了。

毕加索作为当时最重要的画家，名声已经传到巴黎和巴塞罗那之外的地方，更多的外国人慕名前来拜访他，在慕尼黑的好瑟画廊里也举行了一次画展。

外国访客也常到史丹夫妇那里拜访他，因为那是他少数去的地方之一。秋天，他刚回到巴黎，就被赫特露德买走了三幅画，挂在锦簇路的众多收藏品中。

毕加索到史丹夫妇家并不是为了卖画，而是因为他喜欢他们。尤其是赫特露德。他要么就是用极低的价钱卖给她，要么就是直接送给她，比如，她的美丽的肖像画就是。但赫特露德有时候不明白他画的是什么。

毕加索曾笑着说："有一天赫特露德·史丹会兴奋地跟我说他明白了《三个乐师》说的是什么了。它只是一幅景物画啊！"

毕加索常和马蒂斯在史丹家里见面。他们最近发生了一些摩擦，但仍然彼此尊重。毕加索有时会对马蒂斯做一些冷酷的嘲讽，但绝对不允许别人批评他。克里斯蒂·哲佛斯有这样的记述：

> 我们一群人聚集在一起，马蒂斯先离开了一会儿。有人问起他近来如何，毕加索说马蒂斯想必一屁股坐在自己的桂冠上了。
>
> 在场的人为了迎合毕加索，开始一起攻击马蒂斯。毕加索突然愤怒起来，大喊："你们不许说马蒂斯的坏话，他是最伟大的画家。"

1909年，毕加索从他的小寓所搬到附近的克里奇大道上，这里有一间画室，一间像样的卧室，一个饭厅，还有一个佣人房，后来还真的雇了一个佣人。

毕加索把他的所有画作，包括三只猫、大得跟家具一样的母狗"飞卡"以及一只小猩猩，一起搬到了新居。

新女佣的工作十分轻松。毕加索和斐南蒂一直睡到中午才行，不久女佣也跟着这样做了。毕加索的画室从不打扫，连烹饪都很少。

毕加索忙着发展他的立体主义，精神压力已经影响他的食欲。除了蔬菜、鱼、米制布丁和葡萄，他什么也不吃，连酒都戒了。而斐南蒂根本注意不到他的压力，就像她从来不知道《阿比南少女》一样。

毕加索吃得很少，只喝矿泉水，但仍然热衷于搜集东西。一开始他只买自己能用的东西，比如，一张铜床，而现在仅凭乐趣就购买了很多东西——旧的绣帷，一张紫色的天鹅绒，19世纪的有着黄色纽扣的沙发，一架没人会演奏的踏板风琴、吉他、曼陀林箱子、柜子和数不清的非洲雕刻。

这些东西拥进他的卧室，让他的房间成了过度拥挤的贫民窟，而这样的景象是他最喜欢的。

布拉格经常来毕加索的画室找他，他们的气质一点也不相同，工作却非常合拍，于是他们经常在一起讨论艺术。

立体主义在他们的手里越来越"透彻"，但它一点没有脱离本来面目，原来的东西是存在的，通过它的几个面就能够看到，但它们以画家的方式存在着，以一种特殊的方式证明了自己的真实性。

1910年夏天，毕加索和斐南蒂到西班牙旅行。他们这一次来到了卡达浪的一个渔村——卡达奎斯。这是个美丽的地方，彼克特的家就在这里。

毕加索、斐南蒂和他们的"飞卡"，连同彼克特的妹妹玛利亚以及她的朋友一起旅行，后来狄伦夫妇也加入了。他们没有住在彼克特家里，但经常会去拜访，那里拥挤、舒适，经常有一些诗人、作家、画家和音乐家到访。

毕加索在卡达奎斯认真作画，也花了不少时间享受阳光、海水、划船和钓鱼的快乐。

毕加索在秋天时回到了巴黎，因为秋季沙龙展览开始了。他喜欢人多的地方，那里有更多的朋友，更多的邂逅，聊上几句就可能触发他新的灵感。布拉格也回到巴黎，他带回的画作的风格跟毕加索在卡达奎斯是很类似的。

1911年诞生了很多立体派画家，夏天时在独立沙龙展上就出现了很多立体派画作，这让很多批评家很愤怒。

而在1911年到1912年，毕加索和布拉格在画作和雕刻上的立体主义倾向更强。他们最常用的是暗褐色和淡褐色。此外，他们还在人体、乐器的题材外，加了像烟斗、瓶子、罐子、酒杯一类小东西。

从1908年到1922年，他们的画作除了在黑色上签名，其他都不签，一来是为了避免影响画作的紧张的韵律，二来是不想个人化。

毕加索认为，他们的艺术主要是处理形状，尤其形状本身的韵律，而不是外在相关的象征，他们创造的独特的语言是其他人无法理解的。

因此，当1911年阿佛莱·史提克里兹把毕加索的作品第一次介绍给美国人时，那幅高度分析的裸体人像的画作被公认成一座防火梯，但毕加索并不以为然。

1911年夏天，毕加索在赛瑞特度过了假期。这时的马诺洛已经是一位成名的雕刻家了，1908年开始就跟妻子隐居在这里。他对立体主义一点不感兴趣，但这并没有影响他和毕加索的友谊。5月中旬时，毕加索同布拉格以及其他一些朋友来到这里，这使得马诺洛和他的妻儿非常高兴。斐南蒂要晚一些时候到。

赛瑞特在政治上是法国的领地，而之前属于西班牙，但这里的人们都是地道的卡达浪人，因此毕加索和马诺洛觉得很自在。周围都是他们熟悉的语言。当地的特色之一是斗牛，假日里人们都喜欢跳一种叫"沙达那"的舞蹈，也是毕加索最喜爱的舞蹈。

这个夏天是丰富多彩的，为人们熟知的《吹笛者》就是这种舞蹈的写照。另一幅著名的作品就是充满亮丽小平面的《手风琴师》。这是毕加索分析作品里的最后一幅，是一个男人坐在椅子上，他的手风琴朝下拉开了很多角。

那时毕加索认为他们的立体主义画作具有封闭性，会削弱原物体和画作之间的张力，为了把张力最大化，他认为透露起始点的暗示很有必要，因此在画中，能看到他一些"真实"的线索。比如，毕加索在瓶子的画作里出现的大的印刷字母就是一种暗示。

1911年8月，斐南蒂还没离开巴黎，毕加索写信催她过来，她终于来了，并且还带来了最近的消息：巴黎秋季的沙龙准备为立体派画家举办一个画展。这是个好消息。

在这里的炎热气候里，斐南蒂只待了几天，就又准备行李返回巴黎。

显而易见，立体主义时代终于来临。

第三章
毕加索的爱情

牵手玛茜黎

　　一回到巴黎，毕加索就卷进了一件麻烦的法律案件里。阿波林纳被怀疑跟卢浮宫的盗窃案有关，因此毕加索受到牵连。1912年年初警察就撤销了控诉，但毕加索还是恐惧了很长时间，后来他一生都害怕跟法律扯上关系。而这一年过去不久，他和斐南蒂的关系也结束了。

　　这段时间毕加索常去一家叫"村舍"的酒馆，这里也有很多未来派的艺术家。毕加索的观念跟他们不同，但并不影响交流。未来派画家提倡一种动态的艺术，在他们看来，奔跑的马有二十只腿，而不是四只，并且这些腿是三角形的，他们还试图表现出

情绪或声音。

然而，毕加索并不苦恼，他一直赞成人们选择适合自己的方式作画。未来派的艺术家并不喜欢立体主义，他们认为立体主义是学院派的一种，代表了艺术的倒退，属于中产阶级。然而事实上，如果没有毕加索和布拉格，未来派根本不会存在。

1912年，大批未来派艺术家涌进了巴黎。他们经常到"村舍"去，左右脚穿着不同颜色的袜子。其中有一位年轻的、讨人喜欢的艺术家阿巴杜·欧派想让老巴黎塞佛里尼给自己介绍毕加索。于是塞佛里尼带他到"村舍"，此时毕加索和斐南蒂正在和他们的朋友马寇西斯和玛茜黎·韩伯特夫妇一起消磨时间。

后来发生的事情让塞佛里尼认为斐南蒂不是一个正经的女人，因为她爱上了欧派。有人说是毕加索先爱上了玛茜黎，斐南蒂才和欧派跑掉的，是想引起毕加索的嫉妒。那她显然错了，毕加索只是感到一阵轻松，并带着玛茜黎离开了巴黎，去往阿比南了。马寇西斯十分惊讶，也很生气，他就差没有杀了毕加索，但他仍然没有放弃立体主义。

他最大的愤怒表现就是画了一幅画，画面上的毕加索背着铁链，而自由的马寇西斯快乐地跳着，好像刚摆脱了一个惹人厌的伴侣。

玛茜黎个子娇小，温柔礼貌，端庄自信，跟斐南蒂截然不同。毕加索深爱着她，常昵称她为"伊娃"，在很多作品上还用

"我的爱"作为她的别名。他们从阿比南来到了赛瑞特，那里的春天很美，但彼克特夫妇带着斐南蒂来了。两个女人之间发生了争吵，而彼克特站在斐南蒂那边。5月来到之前，毕加索带着玛茜黎溜走了，他们先到了阿比南，又到了一个小城里，找个小房间安顿下来并开始工作。

毕加索的工作量一直很大，而现在他受到新的感情的刺激，工作得更起劲了。7月时布拉格来了，他刚刚结婚。毕加索和布拉格都沉浸在幸福里，他们在1912年的整个夏天的画作都是最好的作品，他们又向现代艺术迈进了一大步。

从立体主义到分析主义的过程并非一蹴而就，变化却很明显：一来作品的可理解性增强；二来出现了色彩，同时运用了很多拼贴法，将沙子、锯末、金属等混合进颜料里，此外还用了很多纸张、碎木、假大理石，营造出画作的"真实感"。

这种集合的过程给他们后来的作品带来更多的创造空间。另外，这些作品看起来更阳光，很多像是漫不经心间完成的，可见毕加索和布拉格这期间一定很快乐。

9月时他们回到了巴黎。此时毕加索已经越来越有名，在巴黎、德国、俄罗斯一些有影响力的圈子里已经小有名气，圈子之外却是声名狼藉。

毕加索在1912年举办的独立沙龙画展上展出了很多立体主义画作，巴黎一些年长的批评家认为这些作品"令人作呕""无法忍受"，对那些未来派画家的作品，他们则认为是"老旧"和"迂腐"的。

沙龙画展毕加索并没有展出自己的画，虽然他被公认是立体主义派别的领军者。他却被要求在伦敦的葛拉福顿画廊举行的"印象派以后"展出一些作品。

这次展出的反响很差。一位批评家说："墙上挂满了像小孩子一样粗制滥造的作品……色彩不协调，没有形状感，也没有任何风格。可惜这些有才能的人把生命浪费在糟蹋画布上，而不去从事他们适合的敲石子的工作。"

毕加索却并不感到有多么失落，因为人们显然只会对有价值的东西产生惊讶或者反感的情绪，如果任何一幅绘画是平淡无奇的话，人们就只会漠视它。

1913年春，毕加索和伊娃以及麦克斯·杰克卜前往赛瑞特，住在一座曾经是修道院的18世纪的大房子的一层里。房子外是一个有许多树木的大花园，花园里有一条小溪，小溪里满是青蛙，树上还有夜莺歌唱，杰克卜忍不住顾影自怜起来。

毕加索不是一个喜欢伤感的人，当父亲的死讯传来时，他仍然在努力的工作。赛瑞特距离巴塞罗那只有一百英里，毕加索现在有很多钱，却没有回去奔丧，为什么呢？目前的资料里也找不到他不回去的原因。

试图从毕加索画作里找到他的内心所想是毫无依据的，但荷塞死去后,毕加索画作题材里多年未出现的小丑再次出现了,而小丑一直是他内心寂寞的象征。从"玫瑰时期"后,小丑没有完全消失。1909年一幅立体派小丑是以悲伤的样子示人的,此后直到1913年一直没有出现这样的主题。

而这次画作是这种系列里重要的一幅,它很不容易被人理解:高度的立体主义和严格的规范构成了这幅画,颜色以灰色和暗黄为主,更接近分析而不是集合成的画作,但看得出还是那个丑角,也就是毕加索一生跟随的伴侣。

毕加索又和伊娃回到了巴黎,参观秋季画展。毕加索在巴黎有两幅重要的作品,第一幅是《扑克牌戏》,可以说是近来画风的代表,第二幅是更重要的《穿衬衣的女人》,这幅画再度显示出色彩的重要,并暗示了立体主义之外的另一个奇妙世界。

《穿衬衣的女人》完成后,毕加索又开始回到立体主义主流上,并开始构建创作。此时他的观念似乎又发生了转变,他的剪贴式作品趋于雕刻的性质,好像它们不是为了凸显立体,而是为了它们本身而创作。

实际上,几乎是平面的《小提琴》之后的一系列画作,甚至于《苦艾酒杯》都成为了货真价实的雕刻。

很多事都能让毕加索快乐,比如,杰克卜的著作得到好评,阿波林纳的评论杂志办得越来越好,卢浮宫盗窃案抓到了真正的嫌犯,毕加索不必再担惊受怕。此外,1908年,他把《卖艺世家》以一千法郎卖给了一个收藏家俱乐部，在随后3月举行的拍卖会上，这幅作品竟然以一万一千五百法郎的价格成交。

1914年夏，毕加索和伊娃连同布拉格夫妇、狄伦夫妇一起在阿比南度过，这是个金色的夏天。

即使毕加索这样的非政治人物，在那年的夏天也听到了轰隆隆的枪炮声。世界范围内正展开一场悲惨的毫无理性的厮杀，而他的朋友不得不参加武装部队投入战争。

毕加索说："我送布拉格和狄伦去往阿比南的车站。我恐怕以后都见不到他们了。"这也许是他说过的最伤感的话。

经历第一次世界大战

1914年9月，德国军队通过比利时，来到距离巴黎心脏不远的马奈，法国政府流亡到波尔多，但全国人民的抗敌精神仍然高涨。虽然一时阻挡了德军，但法国也付出了无数生命的代价。这样的危难使法国人民团结起来，达到了空前的一致，昔日的派别也消失了。

社会主义者、共产主义者，以及无政府主义者和工人阶级都不相互攻击了，但对德国工人是无效的。除非居住在法国的外国人是法国的盟友，不然他们就不再受到保护，因为他们不是自己人。

毕加索熟知的那个世界在战争开始后就消失了。他的法国朋友都不见了，只剩下极少数的几个外国人以及无用的老人。冬天到来时，他的画作数量急剧减少，并且风格十分严肃，比如，其中有一幅画的是憔悴而瘦长的小丑。

史丹夫妇搬到了意大利，不过1914年，赭特露德回到了巴黎，整理留下少量的收藏。毕加索和伊娃经常到那里跟她一起吃晚餐，而当时伊娃的身体状况很差。1915年春天，赭特露德为了忘记可恶的战争，决定离开这里。此后，毕加索能一起进餐的朋友更少了。

阿波林纳参军后也偶尔会看望毕加索，布拉格、狄伦以及其他人也同样如此。毕加索常常会收到信，有些还附有纪念品，但这些信好像来自另外的星球，毕加索所知道的这个世界里唯一不变的可能就是杰克卜了。

毕加索对他的友情越来越深，虽然毕加索对宗教不屑一顾，但杰克卜却对宗教深信不疑。1915年年初，杰克卜受洗了，而毕加索成为了他的教父。

过了不久，毕加索暂停了他的立体派画作。他为杰克卜画了一幅铅笔素描。杰克卜坐在椅子上，穿着毛衣、背心和夹克，头顶跟鸡蛋一样秃，表情凝重而温和。这幅纯写实的画作非常精彩，如果荷塞看到也一定赞不绝口。此后，毕加索为沃拉德等朋友画了很多素描。此时他的画风转向学生时代，这让他的朋友们感到非常奇怪。

1915年5月，布拉格在一次阿拉斯的战斗中头部受到重伤。

过了一段时间后这个消息才传到巴黎。秋天时伊娃的病更加严重了，11月时毕加索每天将近一半的时间都花在往返医院上。不过他仍然努力工作，他画了一幅小丑，可能是他最好的一幅；还画了一幅极为罕见的宗教画，那是一幅耶稣受难图。

在当时得了肺结核几乎是判了死刑，尤其是在战争期间。冬天时，伊娃死了，毕加索为她举办了葬礼。毕加索身边的七八个好友参加了她的葬礼。跟毕加索众多的朋友比，这个数目是少得可怜了。1916年1月，悲伤的毕加索给赭特露德写信："我可怜的伊娃死了……我很悲伤……她一直对我很好。"

有好一阵他都感到十分孤独，虽然他一直有其他艺术家的陪伴，但他跟他们都保持着距离。他经常一个人在夜里去酒馆，沉默地坐在那为常客保留的房间里，用他黑色的眼睛盯着来往的客人，他对周围的一切谈话都没有兴趣。

1916年开始，第一波团结爱国的热潮渐渐退去，但还是有不少市民保持着爱国热情，很多市民已经安顿下来重新开始新的生活，因此巴黎开始呈现生机，餐馆和剧院再次挤满了人，市面出现大量的金钱交易。对商人和一些画家来说，这是再好不过的事情，光明和希望即将来临了。

从艰苦卓绝的前线侥幸归来的军人却有不同的看法。他们虽然向往光明和希望，但对市民很快就恢复信心的态度感到惊讶。仅仅隔着一天的路程，却是两个截然不同的世界。

阿波林纳困惑地说:"绘画和雕刻仍然如此狂热地被人们推崇……也包括立体派……他们的任何一件作品都能轻易被卖掉,而且价格高得离谱。"

同一年,毕加索认识了作曲家艾瑞克·沙提和诗人金·柯克多。当时的沙提五十岁,是当时的激进作曲家,而柯克多二十七岁,小有名气,态度傲慢,很少有人喜欢他。

柯克多慧眼识英雄,很想说服毕加索和沙提跟自己合作一台芭蕾舞剧。柯克多很了解芭蕾舞,当年俄国芭蕾舞团第一次在巴黎表演时,他就结识了狄阿格西里夫。让毕加索去为芭蕾舞台设置背景、服装,简直就是对一个画家的侮辱。而麦克斯·杰克卜也不赞成这个主意。

在柯克多想方设法劝毕加索的同时,杰克卜放下了基督徒应该有的慈悲,写信给他说:"上帝都不会怜悯柯克多的。"

然而柯克多还是做到了。1917年2月,罗马将会上演俄国的芭蕾舞剧,毕加索和柯克多匆忙赶赴意大利。离开法国之前,毕加索就已经为舞台准备好设计和道具模型,这出芭蕾舞剧名字叫《展览》。

柯克多原本的设想是关于一个中国术士、两个卖艺的人以及一个美国女孩在音乐厅表演的故事。毕加索以前从没看过芭蕾舞,但那时见过无数的音乐厅和马戏团,因此他很有信心,凭借着他多年在艺术上的训练,充满热情地制造他的模型。

他们在意大利找到了狄阿格西里夫等人，还找到马西奈担任舞蹈设计。毕加索用双倍的精力工作，因为这不是一出简单的古典芭蕾舞剧，这次演出的主要目标是对古典芭蕾舞的改革。

原本剧中只有四个角色：术士、两个卖艺人、女孩，但毕加索坚持增加三个角色，"团里的两个经理，一个是法国人，另一个是美国人，还有一匹马"。

对毕加索来说，这些角色对于芭蕾舞的观念十分重要：两个经理由高个子的人扮演，带有他以往构建的艺术特色，他们会在表演时横冲直撞，用传声筒大喊大叫，把情景演绎得生动逼真，并且会让其他演员像侏儒一样。毕加索在服装、道具、布幕设计上都融入了他的立体派思想。

两个高大的人的背景倒是比较传统，是一个单色的房子。而舞者的着装则比较奇特。两个卖艺人是白色和蓝色，并带有星星和长条的花样；术士则是鲜明的亮橘色和黄、白、黑色，并带有不对称的螺旋纹和曲线。而布幕则十分巨大，足有一千五百平方英尺，右边画的是一群闲散的艺人，还有一个小丑，分别坐在桌上的箱子和架子之上，其中的一个传统的西班牙人正弹着吉他。左边是一匹挥着翅膀的母马，正温柔地哺育着小马，一个带着翅膀的女孩站在它的背上，正在伸手抓一只猴子。

前面有一个卖艺人的球、一只熟睡的狗、一个鼓和其他马戏团的杂物。整个画面最显眼的是红色和绿色，显现出一种淡淡的快乐。

毕加索在罗马的工作十分忙碌,但他还是挤出时间跟舞者在月光下散步,他最欣赏其中一位叫奥佳·科克洛娃的舞者,并且被深深地吸引住。

一个月后,毕加索回到巴黎。他还有很多工作没完成,尤其是音乐的部分。柯克多想在音乐中加入打字机、飞机、火车、炸药、空袭警报等属于立体派的噪音,而沙提想放弃这件事。到了5月,芭蕾舞团来到巴黎,毕加索热情地接待了奥佳·科克洛娃。

首演的当天晚上,毕加索同密西亚·瑟特一起,在狄阿格西里夫的包厢里观看表演。狄阿格西里夫穿着燕尾服,密西亚则戴着钻石,毕加索穿着红色的圆领汗衫。狄阿格西里夫送了很多票给法国境内的俄国士兵,有一些是出于对同胞的亲切,一些是为了增加人们的认同。

开始的时候一切正常。观众很喜欢布幕,也很喜欢沙提创作的序曲。但两个巨人经理的出现令人们震惊了:首先,出场的法国经理用一根大木棒一边敲打着地板,一边介绍中国术士。

其次,音乐也改变了,原本计划的炸药、警车汽笛声音由于气压系统失灵而无法发出,只能用双倍强度的打字机的声音代替。这种声音如同机关枪一样刺耳,尽管术士的演出很精彩,但观众仍然表现出不满。

最后,美国经理的出场令人们更加震惊。这是一个穿着牛仔、皮靴，身上混合了金属管、摩天大楼和高帽子的立体派人物。他跳着重步舞，身上的金属叮当作响，通过传声筒大声地赞美美国女孩。

观众更加不满了，虽然俄国士兵在喝彩，但那些交了钱来欣赏芭蕾的中产阶级人士，在看到这样的演出后显得愤怒起来，怒吼声也越来越大。

接着出场的美国女孩和卖艺人都不能平复观众的愤怒，台上的经理大声吼叫，也盖不过台下的吼叫声。实际上这场"展览"没有什么剧情，不过是一群假想的旁观者在表演而已。一切努力都白费了，因为假想的群众以为表演本身就是一场展览，因此失望地纷纷离去，而过度热心的经理因为体力耗费太大而崩溃了。表演的内容虽然简单，却很少有观众从头看到尾，甚至有人高呼"低贱的德国货"。因为他们认为一切低贱下流的东西都是德国的。

法国观众狂躁不已，他们对德国很不以为然，还好阿波林纳出面解围，不然毕加索、柯克多和沙提的下场是不敢想象的。阿波林纳头上绑着绷带，因为他在对德战争里受了伤，身上穿着军服，胸前挂着勋章，帅气地站了出来，激动地指责那些暴民，并且让他们相信了这次"展览"跟德国毫无关系。

对这次事件，毕加索并不懊恼，他已经习惯了别人的责骂了。接下来俄国芭蕾舞团要到南美，而这之前还要在马德里和巴塞罗那表演，毕加索也跟着一起去了。

在家乡他受到热烈的欢迎，他的朋友和崇拜者还为他准备了特别的宴会。毕加索在巴塞罗那的生活十分惬意，因为还有奥佳的陪伴，他在此期间为奥佳创作了一些肖像画。

1917年的冬天，巴黎的战事更频繁了，这一年的3月，俄国沙皇被推翻了，俄国政府决定撤出战争，因此更多的德国士兵肆无忌惮地加入了西方前线。

此时，奥佳的德国护照出现问题。毕加索的朋友曼纽·韩伯特准备回到巴黎，因此毕加索向他寻求帮助，请他去找柯克多。虽然柯克多是个年轻诗人，却认识不少有名望的人，在那个时代的巴黎，有地位的人几乎可以做到任何事，因此奥佳的困难很快解决了，她现在可以去任何想去的地方。

她有两个选择，去南美或者回巴黎。到法国意味着一个国籍、婚姻、保护，生活也能得到保障，而南美意味着生活漂泊不定，事业也可能得不到发展，更无法结婚。因此她选择了法国。毕加索立即带着奥佳，乘上了去往巴黎的快车。

与奥佳举行了婚礼

1918年8月，毕加索同奥佳举行了婚礼，阿波林纳、柯克多和杰克卜参加了婚礼。婚礼具有艺术的浪漫气息。随后他们去往比阿利兹，在阿拉苏丽夫人别墅里度过了蜜月。这里距离西班牙只有二十英里，并且远离战争。从这个时期的画作上来看，毕加索此时十分快乐。

他此时的画作很醒目，不只是因为作品本身的性质，还因为它们表现出毕加索超脱到另一种状态的表现方式。比如，有一幅画中有十二人的作品，沙滩上的年轻女人的轮廓都是用线条画出来的，有一种线形的单纯美感，而海边穿着泳装的女人们则是用不同的手法画出来的，沙滩上散落着一些奇特的石头，它们成为写实主义画家的频繁使用的材料。

在这一年，毕加索完成了从1914年就开始创作的《穿紧身衣的女人》，他还画了一幅严肃的立体派吉他，加入了不少沙子在油彩里。而这些不过是他这一时期作品中的一部分。

比阿利兹不靠近地中海，但气候温暖，大西洋每天把沙滩冲刷两次，留下了沙滩美妙的纹理。毕加索的日子过得恰然自得，他为阿拉苏丽夫人和她的朋友画了不少画像，这些人的情绪比过去三年来的任何访客都活跃，因为战争进入尾声，血腥的噩梦就快要结束了。

在7月，曼金的坦克击退了德国人，还俘虏了三万人；8月，英国侵占了西齐菲防线；9月，六十万美军加入了战场。毕加索对一切都不关心，他的祖国在南方。但别人的快乐感染了他。

保罗·卢森博格就是访客之一，他不仅能力突出，而且是个大画商，他拜访了毕加索，并且成为他的代理商。毕加索认为，代理商不仅要帮他卖画，还要帮他在巴黎找寓所。

1918年11月，波提街的新寓所还没装修完，毕加索夫妇只好住在旅馆。此时随着战争的胜利，巴黎的每一条街道都被欢欣鼓舞的气氛充盈，毕加索的心境却悲伤而担忧，因为阿波林纳得了如同瘟疫一样的西班牙流行性感冒，而且病得很重。毕加索痛恨疾病，而这种感冒又很容易传染，但他和奥佳还是在11月9日的晚上留在阿波林纳的床边。

毕加索没有想到阿波林纳会死去，一个只有三十九岁的人，怎么会抵抗不住一场小感冒。而当阿波林纳的死讯传到毕加索那里时，他正站在镜子前。

他一下呆住了，他看到死亡写在他的脸上。他从小就画自己的脸，现在已经形成了几个系列。可是，这一天，从阿波林纳死去的这天开始，他再也没有画过自画像。

阿波林纳去世时，毕加索刚好三十七岁，这也是拉斐尔、梵高和托洛斯·劳崔克去世的年龄。

如果毕加索也在这个年龄死去的话，他作为创新者的身份也会使他得到极高的声誉的，但英雄岁月的本身已经过去了，他已经把学院主义全然抛在一边。然而1918年经历了创新后，一切都上了正轨，温和的无政府主义和新的观念一起涌进社会，立体派仍是主流，达达主义出现，超写实主义即将到来。

艺术变革会一直持续下去，也就不再需要英雄的形象了。实际上，此后也没有再出现毕加索、马蒂斯、布拉格之类的大人物了。

　　从这个时期开始，毕加索不断改变自己的绘画、素描和雕塑，然而这些都是他个人的变革，因为他不可能再一次打败那些早已被他摧毁的传统。

　　他此时的艺术创新开始向更大的形式进展，把人体扩展成更大比例独特的作画风格呈现在他的画作里，不过目前他还是创作立体派画作，一些合成立体主义时期的作品还一样紧张而严肃，然而分析时期非个人和无色彩作风没有再出现过。此外有些画作显得十分松弛，似乎立体主义只是他众多思想中的一种而已，而不是全部。

　　战后，俄国芭蕾舞团回到欧洲，狄阿格西里夫开始为新的演出做准备，其中一个节目《三角帽》是来自西班牙的马提尼兹·西拉的创作，音乐是来自安达鲁西亚的作曲家法雅创作的，而设计布景和服装的最佳人选自然是毕加索。

　　也就是说，毕加索创新的画作要被打断了，不过他还是答应下来，并且立刻投入了新工作。他此时对剧场的概念比"展览"更加实际。

　　这出芭蕾舞剧的改革性更小，故事内容是一个上年纪的西班牙绅士想勾引一个年轻磨坊主的妻子而失败的故事。只要回顾自己的年轻时期，毕加索就能找到思路，因为他那时不仅在波瑟·韦儿那里展览了很多"西班牙式"画作，还有很多"玫瑰时期"的作品，把这些拼凑起来就成为了舞台的迷人布景。

他设计的布幕是"斗牛场"的景象，包裹着头巾的女人和戴着披风的男人坐在包厢的影子里，天空有明亮的太阳，一头死掉的公牛被拖出场。演员的服装则都是西班牙的传统装束，很容易得到观众认可。

这个阶段的毕加索决定用一般人所能接受的方法来寻求快乐。他有很强的好奇心，很想知道人们所认为的时尚生活是怎样的。1919年7月22日，《三角帽》在伦敦上演，他的布幕受到观众热烈的喝彩，整场演出十分顺利，结束时人们激动无比，观众和演员欢呼雀跃。

《三角帽》如此成功，以至于毕加索认识了一大群富有而喜欢宴会的人，而他自己对宴会的兴趣也越来越大。

这一时期同在伦敦的狄伦却有不同的见解，他和布拉格都认为真正的艺术家不应该追求时尚，应该远离金钱物质。狄伦的这种态度变成了对上流阶级的嘲笑和讽刺。

而对于毕加索来说，他从不认为自己比别人低一等，还是有着自己的追求。而他惊人的活力、好奇心更使他不愿放弃任何追寻快乐的机会。

回到巴黎后，保罗·卢森博格为毕加索举行了一次展览，这也是他第一次大型的个人展览。这次画展举办得很成功，不仅卖出很多画，还展现出毕加索作品的不同面貌。他的画让批评家和前来观看的人印象深刻，因此人们意识到，创造立体主义的隐蔽的手同样可以创造出简单明了又使人沉醉的画作。

1919年到1920年，毕加索计划的另一出芭蕾舞剧《丑角》是由纯粹的18世纪喜剧演变而来的，很合毕加索的胃口。1920年5月15日在巴黎首演的这出芭蕾舞剧大获成功，也使得毕加索成为备受瞩目的人。

每一次聚会、鸡尾酒会、首演典礼上都能看到毕加索和奥佳的身影。如果毕加索想见识一下上流社会的生活，这下他终于得偿所愿了。

毕加索的新朋友里有不少是外国富豪，还有一些法国的世家。1920年夏，无数的鸡尾酒会、宴会、晚餐和大量工作把毕加索的精力几乎耗费殆尽，他还是怀念地中海的生活，于是和奥佳南下去往璜列平斯度假。

这是个未经人工雕琢的地方，有着卡达奎斯一样的海洋，马拉加一样的太阳。毕加索坐在充满橄榄油气味的小餐厅，望着远方的大海，海水的颜色同他杯中的酒一样蓝，他觉得分外惬意。

6月时奥佳怀孕了，当她的肚子越来越大时，毕加索又开始对"母性"产生兴趣。他曾经画了不少关于母与子的画，经常都是年轻、脆弱、美丽、优雅的女人，并且这些画作大多带有对社会的评判。

然而，现在他的思想开始转变了。现在的女人不是年轻、美丽，而是变得巨大，有着粗硬的手和脚，像神一般超然挺立。

秋天，他们回到巴黎，毕加索开始进行另一出芭蕾舞剧的设计。这是由法雅作曲，有着传统安达鲁西亚舞蹈和歌曲"弗莱明哥"的一出剧。毕加索的设计跟音乐一样传统，整个成品富有娱乐性，并且中规中矩。

演出后，遭到了一些人的恶意评价，但毕加索并不在意，因为就在首演前的几个星期，奥佳为他生了一个儿子。

儿子保罗出生后的几天，毕加索就为他画了一张贪婪吃奶的画，此后就开始一连串充满亲情爱意的素描，而与此同时，整个神圣、巨大的母性系列画作诞生了。

单纯美好的生活

因为奥佳刚生下孩子，所以1921年的夏天她和毕加索就不能跑得太远了。毕加索在距离巴黎不到四十英里的芳甸布卢找了一处寓所，在那里他们度过了一段北方假期。

那里地方很大，毕加索可以远离一个婴儿的哭声和邂逅，然而他还是尽可能待在家里。他一次又一次地画着这幢别墅的内部，用一只细细的铅笔，带着温和的嘲讽，画下每个微不足道的细节。

那段时间，毕加索过着单纯美好的生活，他大量创作的活力都来自那个迷人的小天使，真实的、粗糙的、平常的，这些都是属于他自己的孩子的特点。

他不厌其烦地画着他的孩子,因为小家伙给了他无穷的动力。如果没有这个婴儿,毕加索可能无法画出真正母性系列的画作。虽然他以往画过很多这样题材的作品,但那些婴儿长得很类似,让他抓不到某种属于保罗的特质。

而那些母亲也和奥佳全然不同,奥佳大约四英寸高,比丈夫略矮,画上的母亲却巨大并带着简化的古典特质。她们安静地在另一个层面存在着,不为任何事所动。

同时,毕加索画了两副巨大的相似的画作,被认为是合成立体主义的归纳和最高的标准。两幅画作都叫《三个乐师》,都画着三个戴着面具的乐师,他们并排坐在桌子后面,一幅比较暗,一个丑角吹着管乐器,一个小丑弹着吉他,一个僧侣拿着乐谱,一只狗趴在桌子下。

另一幅画作里,两个小丑互换了位置,弹吉他的小丑拉着小提琴,而僧侣拿着手风琴,桌下的狗不见了。两幅画都属于严肃的立体派画作,空间是由直线构成的面组成的,色彩鲜明,如果不是运用大量的蓝色系,整个画面应该是快乐的。

这两幅画是当时最重要的立体派画作,有人认为它们是毕加索此后的古典人物作品的分野。

毕加索投入市场的大量立体派画作的价格越来越高,那些买画的人都认为自己有权认识画家本人,因此在毕加索回到巴黎后，又变得忙碌起来。1922年，他通过柯克多认识了很多有来头的戏剧界朋友。只要他想，他可以每天都有宴会邀请。他总是精力过人，因此很乐意赴宴，这一时期他很快乐。

此时的毕加索是个体贴的丈夫，1922年的夏天他常带着奥佳和小保罗去狄那玩，那里风景宜人，有美丽的沙滩。可惜那里也是全法国云层最厚、湿度最高的地方，即使有太阳，也不如南方那样灿烂。不过，那里有着两所俱乐部和拥有很多乐队、棕榈园、舞池的大旅馆。

毕加索对工作的专注使他忍受夏季别墅的一切不便，面对哭闹不止的婴儿、喜欢社交的夫人和一大群到来的访客，他也能从容面对。他画了一些狄那的风景、女人和小孩，包括一幅很温柔的母性作品。上面的母亲依然硕大，却不再像石头雕刻出来的那样，而是神圣、温和，有着"玫瑰时期"的温暖感觉。

在这一时期他的很多画作都有类似的风格，不过，在这个夏天最常见的还是他的立体派静物。有些传统的画法，有些是斑马画法，也就是在一个颜色的平面上覆盖带状的条纹。这类作品有二三十张，几乎都是玻璃杯、酒瓶、烟草、香烟盒等题材。色彩保守、单调。

从他的画作来看，狄那的假期是快乐的，结束的却很突然。奥佳生病了，毕加索得带她回巴黎，一路上用冰袋照顾她，小保罗则晕车很严重。回到巴黎看了医生后，奥佳才好起来。

想探寻毕加索的画作有哪些进展，留意他的夏日假期就够了，因为他在南方更能找到他需要的孤独，还有阳光。他通常都在南方开始一个新起点，再回到巴黎一点点完成它。

"孤独"这个字眼似乎和毕加索联系不上，朋友对他来说如空气般重要，但孤独对他的创作还是必要的，不只是因为他骨子里是一个孤独的人，也是为了更好的工作。很多人能在吵闹的环境里工作，毕加索却做不到。1923年，他出发去安提比斯寻找他的孤独了。

他出发之前，还有很多事情要做，其中一件就是和纽约《艺术》评论杂志的会晤。美国人没有看到太多毕加索的作品，但他已经引起了美国人的兴趣，每一个略懂现代艺术的人都知道，毕加索是欧洲画坛重要的人物之一。这次会晤毕加索谈到了他的很多观念，他对未来的革新发展是这样表述的：

> 我常听到"革新"这个词。人们总是要求我解释我是如何革新我的画的。对我来说艺术没有过去和未来。如果一件艺术品不能永远存于"现在"，它就没有任何价值。希腊、埃及和其他时代伟大的画家的艺术没有过去之分，它们在今天一直鲜活地存在。
>
> 艺术本身是不会革新的，革新的只是人们的思想观念。当我听到人们谈论一个艺术家的革新，我认为他们

以为他是站在两面镜子中间,复制出无数的影像,而他们把镜子中的一个影像看成是他的过去,另一个看成他的未来,而真正的形体当是现在。他们没有想到所有这些都是不同层面的形象而已。

我在艺术中运用的各种方法不应该被看成是革新,或者看成是更高领域的境界。我做的一切都是为了"现在"。当我想表达一些东西时,我不会考虑过去,也不会思索未来。我想表达的题材本身就告诉我要用不同的表达方式,我会毫不犹豫地运用它。

任何时候当我想说出一些东西时,我都是以我认为必须用的方法说出来。不同的动机需要不同的表达方法。这不代表是一种革新或发展,只不过是为了把想表达的观念和表达观念的释放结合起来。

安提比斯实际就是一个渔村,种植花朵和芳香植物的加工是仅有的工业。毕加索在这里是快乐的。太阳把自己的能量倾注在他身上,不仅多了海水浴、吃东西、喝酒、聊天的时间,他还画了很多美丽沉静的女人、小丑、卖艺人和吹箫人。

其中有一幅《吹奏排箫的人》是在1923年完成的巨大油画,两个少年站在海岸边,他们粗壮有力的身躯有一种文静、典雅的古风,尤其是左边倾听的那个少年更是如此,他们表情生动,气质优雅，穿着游泳裤。其中一个坐在石头上吹奏，另一个安静不动地站着，凝望着远方。毕加索很喜欢这幅画，于是把它纳入自己的私人收藏。这幅画后来被认为是毕加索古典时期最高成就的代表。

而同时，毕加索立体派画作也充斥着他的画室，在这多产的一年，他又迎来了一个重要转变。曾经棱角分明的强硬平面消失，取而代之的是柔和、自由流动的线条，它们看起来不是局限在一个平面，更像是一个形体之外，如同装饰一样。这种变化早在1922年他一些不太重要的画作里就可以看出来，而此时在他的作品里被全力表现出来。

此外，小保罗也是他经常画的对象。保罗已经两岁多了，已经可以走来走去，而且能说一口流利地道的法语。早些年毕加索曾为他画过一张蜡笔画，他穿着羊毛衬裤，抓着一匹木马。

现在毕加索为他画了一张穿着厚衣，骑在驴背上，戴着软帽的画，多毛的驴子和用柔和线条勾勒出的儿童脸孔显得十分可爱。毕加索还画了一张保罗穿着红色拖鞋，在桌子上涂鸦的画，这孩子毫无拘束的画像跟父亲第二年的作品有不少相似之处。

1923年夏天，毕加索认识了一位新朋友，名叫布莱顿。当时布莱顿二十七岁，是一个如猛兽般亟待出世的人物，一个名声很好的诗人，也是达达主义者。达达主义厌恶既有的制度，在艺术上，他们希望能抛弃一切陈旧观念，用不合理代替合理，把思索和表现分离开。

战后很多达达主义者来到巴黎表演、展览，他们经常闹到警察干涉的地步。毕加索很好奇他们的活动。

不久后，达达主义者们发现他们想要用来毁掉一切思想的产物的武器就是思想本身，这个发现让他们茫然失措。他们吵闹，互相把对方看成敌人，并且激动地诅咒自己的前辈，也是在内部矛盾出现之后，这个活动终于停止了。

这是发生在1922年的事，但由于在这个活动灭亡的过程里，富有积极意义的超写实主义诞生了，并且引起人们的注意。而这个主义的宣言就是布莱顿所写。

比起以往的运动，超写实主义更能吸引毕加索的兴趣，而超写实主义者声称毕加索是他们的先驱。他们把《阿比南少女》印在《超写实主义》杂志上，还认为《穿衬衣的女人》是哲学的代表。

不过，现在的毕加索还不能把注意力都放在超写实主义上。他很多夏天的灵感还没有得以展现，而且他还在为保罗·卢森伯格的画廊做准备，此外还要准备另一出芭蕾舞剧的布幕和服装。这出名为《水星》的芭蕾舞剧是由沙提谱曲，马西奈编舞的。

毕加索对这出芭蕾舞剧的投入很多。到1924年6月，观众在剧院看到的既不是自然主义的布幕，也不是立体主义的舞台设计，而是全新的毕加索，是由完全流动的线条构成的。舞台展现出一个奇妙的世界，布幕是由很多自由的形状构成，并由铁丝牵动,让整个舞剧充满律动。

可惜这充满创意的设计却被毫无创意的剧本拖累,没有人喜欢这出剧。毕加索的布幕却得到极大的好评。这也是他的舞台告别作,此后,他从荣耀的舞台回归到了孤独的自我中。

对《水星》的贡献使得超写实主义者改变了对毕加索的看法。包括布莱顿在内的很多人,在演出开始时不时发出嘘声,以表示反抗,而终场时却留下来鼓掌。第二天,他们写了一封道歉信给《巴黎期刊》,表示了对毕加索的肯定:

> 我们对毕加索表达诚挚的赞美,他不顾任何传统的神圣不可侵犯的规律,永无停歇地激励我们对时代的探索热情,并且不断赋予它更高的表现形式……毕加索的成就远超他的同辈,他是永远的年轻的化身,当之无愧的艺术界先驱。

再见,平静的日子

1924年夏天,毕加索来到璜列平斯,他的画作里除了一些高瘦、优雅、美丽的女人和或坐或站穿着长袍的人物之外,古代世界里的半人兽、牧神、排箫都不再出现了。事实上,这一年他的古典期已经结束。

毕加索在1924年以及之后的一年里的重大成就是一些巨大的

充满色彩的静物画，堪称立体派的代表作，并且保留了很多传统的题材，如酒杯、吉他、乐谱等，并且直线条和合成性大大减少。

这些画作装饰性很高，并都由曲线构成，与他十二年前同类型的作品相差很大。这个时期的作品简单明了，也容易被人接受，其意境却仍深邃。

他的转变可能跟他的儿子有关。保罗是个惹人喜欢的小男孩，而毕加索跟所有父亲一样，把自己的第一个孩子当作生命的延续。

他为保罗画了很多画，这一年里最重要的一幅大油画就是保罗的画像。画里的保罗穿得像个小丑。另外，从这个时候开始，一直是重要象征的小丑角色不再出现在毕加索的画里。保罗规矩地侧坐在椅子上，眼睛焦急地望着外面。这些图画中男孩的眼神和单纯的气质显现出一个父亲的温柔和怜爱。

虽然毕加索告别了芭蕾舞剧的创作，但仍然对它很感兴趣。他和奥佳经常去观看表演。奥佳喜欢这些舞者，不仅因为她理解他们，更因为她可以向他们炫耀自己拥有的华丽衣服和华美的寓所。

毕加索的经济条件相当好，买了一辆汽车，这在当时是很了不起的象征。因为毕加索不会开车，就雇了一个司机，这是很引人注目的。奥佳的生活很好，即使原来出身不好，她也尽可能装成高贵的样子，带保罗出门散步时保姆必须在她身后三步的距离,这个画面让很多人都非常惊讶。

毕加索创作的一幅巨大静物画在临近圣诞节时达到了创作顶点。这幅名为《一片瓜的静物画》画的是一张桌子、一把吉他和一些乐谱,还有一片放在红布上的瓜,左边摆着一幅胸像,上面是立体派的鼻子和眼睛。这幅画作展现出了作品的生动立体,使得"静物画"这个名字都显得不太恰当了。

1925年年初,他创作了大量作品,并且程度稳定:有很多静物画,也有家人的肖像画,还有一个手拿曼陀铃的可爱女孩,这些作品赏心悦目,跟他说过的绘画跟美无关的话截然相反。春天时,毕加索以狄阿格西里夫朋友的身份到蒙地卡罗,花了很多时间看他们的排演,也为他们作了很多工作和休息时的素描画。

毕加索这段平静的生活很快就结束了,彼克特的死讯传来了。在1921年时跟斐南蒂发生不愉快的会面后,毕加索就再没见过彼克特,虽然之前两人是很好的朋友。

毕加索有时会跟朋友激烈地争吵,但他不希望失去这些朋友,自己也从来不会忘记他们。他对朋友的认可不会因为几次争吵而消逝,并且会喜爱他们很多年,这样的友谊会持续很长时间,有时会稍微减少一些,有时会日久弥坚。

失去朋友会让他感到非常沮丧,尤其是听到彼克特的死讯。这让他回忆起在"夸特·加兹"的生活以及早年在巴黎的日子。他并没有很多相识很久又感情那么深厚的朋友:马诺洛和杰克卜远在他乡,而卡萨杰玛斯的死让他大受打击。

　　死讯传来时,他的心中开始产生一种深深的不满,那是对生活方式的不满。他感到自己的作品虽然受到赞誉,那种爆炸力却消失殆尽,仿佛在他四十四岁时已经完成了他所有重要的创作,又好像是吃得太饱的肚子、一套剪裁得体的衣服、一条胸前的手帕和干净的蝴蝶结,它们都出卖了他心中的信仰。

　　这种不满终于爆发成为一幅惊人、狂野的画作,它被称为《舞》或《三个舞者》,这花了他几个月的时间。跟他画《阿比南少女》时一样,其重要性也不相上下。

　　这幅长达7英尺的画上,高大、怪异的人手连在一起挥舞着,中间一个人的身体赤裸,从头到脚被一条紧张的直线勾勒出来,两只手臂高举着向外伸展。左边的人形十分野蛮地以扭曲的姿势仰着头,跟躯体成直角,她的左手连着前一个右手,她穿着有斜纹的短裤,她疯狂的、痛苦的头颅比《阿比南少女》中的任何细节都夸张。

　　画面另一边是一个看不出性别的平静的白色人形,右手高举,握着第一个女人伸展的左手,而左手则抓紧第二个女人的右手。三个人形后能看出彼克特严肃的剪影。这幅画的确是为彼克特创作的,毕加索就是这样告诉潘洛斯的,他还说应该把《三个舞者》改名为《彼克特之死》。

　　毕加索极具创造力,而这样的人大多具有强大的感受力,很

名人励志传记丛书

少有快乐。连普通人都会感受到沮丧的世界，他要为他超强的感受力付出更大的代价。因此毕加索容易情绪化，也容易极端。他出生的环境里很少有人教导他对人际关系的控制。而在更早时候，他的母亲和斐南蒂就注意到他的天性会让他失去很多快乐。

毕加索说过他的作品就像他的日记一样，因此他画中的怪物具有重要的意义。最早的怪物是1927年的《睡在摇椅上的女人》，这是一个扭曲怪诞的人形，她的鼻孔猪鼻一样向上翻着，满是牙齿的嘴张得很大，她的身躯好像一个带着残酷死亡的变形虫，整个轮廓生硬粗糙，好像被染过颜色的玻璃连接而成的。

1927年的夏天，毕加索是在坎内度过的，他在这期间画了一些怪物女人，一幅充满恶意的《坐着的女人》，也有一些是对过去快乐生活的回忆，还有一幅纯立体主义的《画室》，这幅画上面的画家的笔停留在半空，凝视着盘子里的水果和白色石雕。

为了让妻子高兴，1928年，毕加索带着妻子再一次来到狄那，度过了夏天的假期。他在这里画了一些海滩风景，赤裸的人们玩球的画面。居然呈现出一些令人愉快的感觉，色彩也十分轻快，但有些人的躯干仍然扭曲着，不成比例的小头和平直的四肢让人感觉很压抑。

麦克斯·杰克卜回到巴黎后，同毕加索的友谊继续维持着。不过他们的世界很少重合了。毕加索的世界毫不快乐。他可能是当时欧洲很有名的画家，他勤奋地工作，而他内心很向往在"洗衣船"的生活。

如果说艺术是种煎熬的话，这几年毕加索一直是煎熬着的，因此这段时期他创作了大量作品。创作工作对他来说是必要的，也是他逃避现实的重要方式之一。

在狄那期间，他开始计划做一些纪念雕像。他画了大量草图，上面的人形似乎是用骨头组成的。有人说他这一时期的雕刻和绘画进入了"骨骼期"。

然而直到秋天返回巴黎，他也没有付诸实践，因为人像工程巨大，即使毕加索很有钱也做不到。而当时美国经济危机影响到欧洲，因此有关当局也不能资助他。

虽然这些雕像不能成功矗立，却经由另一种媒介实现了。毕加索将他对雕刻的感觉融进他的画作里。1929年夏天，他把骨骼和怪物人性结合起来，形成了他最骇人也最打动人的画作之一《坐在海滨的女人》。

她的身体似乎使用光滑的白木做成，脊椎骨关节分明可见。她侧坐在沙滩上，手搭在曲起的膝盖上，另一只手臂同地面平行，有皱褶的手肘是唯一有血有肉的见证。她的另一条腿叠在下面。她没有真实的躯干，她的胸部是一个单一的斜面，向海洋突出，也没有腹部。

她的锁骨处有个突起，把她的头和支离破碎的身体连接起来。她的脸上有三角形的尖锐鼻子，还有空洞的昆虫般的眼睛，巨大的颚几乎占满整个脸，并向两边分布，让人想到螳螂这种猎食者。

这个怪物般的人物背对着天空和大海，以一种怪异而优雅的姿势坐着。她肢解的身体的各个部分跟天空、海水、沙滩的颜色融为一体，那光滑的身体有一种极端的冷静，不受到她骇人面孔的影响。她看起来不邪恶，只是看起来十分刻薄。这幅画看似平静却十分极端，平静是因为阳光下有色的平面，极端是因为那暗示的潜伏的不安。

身为画家的毕加索对这幅画很满意，身为男人的他用画中女人巨大的颚表达出自己急切逃离的心。

沮丧到了极点

毕加索的私生活极为低调，很多熟悉他的朋友很多年都不知道有玛丽·塞瑞丝这个人，今天我们也只能从一些他人的记载里了解她是一个平和、不计得失、重感情的人。毕加索画上的她十分美丽。他们认识的年份尚不清楚，可能是1931年，她二十岁，而毕加索五十岁的时候，他们来到同一个地区完全是一种巧合，而此后他们开始了一连串的交往。

从1930年毕加索的《受难》可以看出他沮丧到了极点。这幅画被很多艺术家、史学家解释过，也被仔细分析过。简单地说这是一种带有宗教色彩的呼喊，也表达了对死亡、痛苦、牺牲的描述。

画里的每个人物,包括盗贼、基督、士兵等都有不同程度的扭曲,并且十分极端,它和毕加索之前某个时期的作品息息相关,可以被认为是他某一时期风格的延伸。虽然包括了几种不同形式,但这幅画看来统一和谐,蕴含着一种强烈的个人感情。

除了这幅画,毕加索在1930年到1931年还画了很多意境相近的画作。他这两年饱受情感的折磨,几乎绝望,但他一直没被打倒,而是用作品强烈地抗议着。

毕加索的画中展现全然快乐的部分很久没有出现了,直到他认识了玛丽·塞瑞丝。1931年年底,他画了一幅凝视着一座胸像的雕刻家画像,而胸像典型的鼻子和额头可以看出来就是玛丽·塞瑞丝。这幅画上标注的日期是1931年12月7日。几个星期后,他又画了一幅她的画像,画上的她在一张安乐椅上睡觉,穿着蓝色的裙子,这幅画的日期是1932年1月24日。

而在这一年的春天,毕加索的画里又出现了快乐的气息。他用旺盛的精力完成了一系列的油画,大多数是裸女,而且都是同一个女人,形象是扭曲却十分亲切的。

那是一个结实、巨大的身体,充满感性的曲线,并且总是在熟睡中。这些作品每隔几天就出现一副。它们风格新颖,而其中的快乐轻松也大体一样,这样的特点在毕加索的画中很少看到。

如果奥佳能够更多关心一下丈夫和他的画作的话,就能够观

名人励志传记丛书

察到一些事情悄悄来了。然而她不是那样的女人。一开始毕加索想要过一种双重生活,对他来说即使暂时能过这样的生活也不错。

对于玛丽·塞瑞丝,毕加索在很早之前就想象过有一个这样的女人的存在,也曾经画过他想象的女孩的面孔。不过,他更喜欢从雕刻的角度观察她。他很喜欢她的脸部,尤其对她古典式的前额和轮廓分明的鼻梁着迷。

不过,现在不是为她做雕像的时候,因为1932年是毕加索最忙碌的一年,除了很多绘画上的工作,还要经营地产。他用财产中的一部分买下了博易杰罗普古宅,这是一座17世纪的建筑,离巴黎有四十英里,它的特殊之处在于有很多附属的建筑,比如,马厩、马车房,足够他进行雕刻的工作室,还能容纳很多大型雕塑。

他要准备夏天在巴黎举行的个人回顾展;此外,他还要监督博易杰罗普古宅的装修情况。此时的毕加索不再是那个温柔体贴的丈夫,他很快恢复了吉卜赛式的天性,高级的羊毛服装被虫子蛀了,蝴蝶领结和胸口的手帕也很少再看到了。

毕加索为了这次展览投入了很多精力,因为对他来说这次展出比以往任何一次都重要,是他目前真实而具有代表性的成就展示。这之前,在巴黎展出的毕加索的作品都是不完整的。

而他现在五十岁,他名声远扬的基础并非来自人们的广泛的赞誉,更多的是来自他的传闻。

他从很多渠道和自己的收藏里得到二百多件画作，从死去的卡萨杰玛斯到镜子前的玛丽·塞瑞丝，包括了各个时期的作品，蓝色、玫瑰、黑人、前立体主义到合成主义、新古典，一直到后立体主义。此外还有一些另类的怪物，比如，《受难》以及一些日常生活的画作。

他亲自监督每一幅画的悬挂，并选择适当的灯光。他已经尽力了，剩下的就是人们的评判了。

从1932年6月15日持续到7月30日的展览极为成功。这次展览奠定了毕加索成为20世纪重要画家之一的名声。一些人认为马蒂斯的名声更大，尤其是在南美洲，一些人认为布拉格很有才能，却落伍了，一些人认为狄伦只是刚起步。

1933年夏天，毕加索是在坎内度过的。这期间有一张照片上奥佳脸色低沉，站在一家餐厅的台阶上。毕加索画作的质量和数目降低了很多，唯一值得一提的是几张超写实主义手法创作的家具题材的画。

毕加索在这期间的工作并不顺利，而一件意想不到的事情的发生更打破了他最后的平静。斐南蒂·奥利维亚写了一本自己的回忆录，曝光了毕加索的隐私。

这本《毕加索与他的朋友们》并不是一本令人不快的书，对毕加索的描述却并不好。有些细节还展现出他在道德和身体上的懦弱。毕加索十分沮丧，想阻止这本书的出版，但毫无作用。

这本书极大地打击了他,让他在此后的十多年都不愿意对着镜中的自己。而奥佳看过此书后,能想得出来更加深了毕加索的烦恼,因为她嫉妒心很强,尤其是对斐南蒂这个毕加索之前的女人。

1933年8月,毕加索无法留在坎内,于是搭上汽车,接了玛丽·塞瑞丝,由谨慎的司机柏丁驾驶前往巴塞罗那。这是1931年共和政体成立后他首次去西班牙。他一向不问政治,何况现在有更重要的事烦恼着他。

再回到巴黎后,毕加索在博易杰罗普画了一些以斗牛为背景的画,画上的野牛、马匹或者女斗牛士都可怕地死去了,到处是扭曲的肢体、牛角,这样的画一直到1934年才结束。

1934年,伤感的情绪充斥了毕加索的绘画和木刻。他在夏天画了一幅《马瑞特之死》,上面是个十分丑陋的女怪物,向着昏睡的玛丽·塞瑞丝扑过去,手里拿着一把大菜刀,还伸出长长的舌头。这样的画两三天后还有一幅,上面的玛丽和斗牛场的马匹混在一起,被一头身上插着剑的野牛撕裂。

夏天到来时,毕加索和玛丽·塞瑞丝把西班牙北部都游遍了。如果是别的人,比如高更,一定会留在巴塞罗那或其他某处休养一段时间,但毕加索习惯了自己的生活方式,即使令人痛苦,但对他的工作来说是必须的。因此虽然巴黎又脏又乱,跟奥佳的争吵不断,他还是选择回到巴黎去创作。

玛丽·塞瑞丝怀孕了。而在1934年到1935年,毕加索和奥佳的关系越来越糟糕，他想离婚。毕加索没有离婚的经验，而当时的西班牙政府也没有这样的制度。很多人都知道离婚是漫长、困难而又昂贵的，还需有充分的理由。毕加索虽然没有合适的提出离婚的理由，但他还是提出了诉讼。

他听了别人的建议后，发现自己陷入了复杂的离婚事件里，西班牙没有离婚制度，因此法国法庭也不可能在了解西班牙状况之前判离婚，而奥佳也坚决拒绝离婚。

当毕加索发觉离婚几乎是不可能完成的事情时，他开始考虑分居，他咨询律师，律师告诉他分居不止包括人的分居，还包括财产的分居，于是这场纷争再次被推上新的高峰。

如果毕加索的画也算财产，那么总计就非常巨大了。奥佳当然希望分到他的画，于是请来法院的封条，贴在毕加索的画室门上，毕加索在离婚结束之前无法再碰自己的作品。

1935年7月，奥佳终于跟他谈判并离开了他。而毕加索已经遭到了无法估算的精神损失，尤其是在离婚的过程中经常被律师骚扰，他的私生活受到了很大的困扰。

最后，毕加索的画没有被夺走，但他为此付出了很大代价。奥佳得到了很大的一笔钱，还有博易杰罗普古宅，以及保罗的监护权。而毕加索保留了波提街的住所和他的画作。虽然他性格很倔强，虽然他强烈抗议自己失去的一切，但他仍然失去了很多。

在漫长而混乱的日子里，他有几件事情得以安慰，一件就是他和玛丽·塞瑞丝的女儿玛利亚·康赛普琼的出生，他喜欢叫她玛雅，而且十分疼爱这个美丽的小女孩。第二件事是他的朋友萨巴提斯的到访。

毕加索曾经在1935年7月13日写信给萨巴提斯："只有我一个人在房子里，你能想象发生了什么事情，还有什么好事情在等着我。"秋天时，毕加索已经经历了一些等着他的事情，并再一次写信给他，希望他和太太来跟自己住到一起。

自从1904年萨巴提斯和毕加索分别后，在1935年又聚在一起。他们见面时，好像昨天才见过一样，那些分离的岁月都不复存在了。

当时毕加索和奥佳的离婚案还没结束，各种文件和律师书信不断拥来，无休止的争论和无法拒绝的见面越来越多，这让有旺盛精力的毕加索难以招架，在1936这一年他根本无法工作。

萨巴提斯说："他没有再到画室里去了。只要一看到自己的画，他就会发疯。"

这时的毕加索不断对萨巴提斯说："我再也忍受不了这一切了。这算哪门子生活。"

经历了过去的困扰，烦恼缠绕着现在的他，毕加索想要忘记一切，决定离开巴黎，永远不再回来。

1936年3月15日这一天，萨巴提斯在车站送毕加索搭上了去往璜列平斯的火车。

名人励志传记丛书

第四章
艺术是毕生的追求

逐渐恢复了自信

到璜列平斯后,毕加索经常写信给萨巴提斯。他现在每天睡十二个小时,也不再画画、雕刻,而是把时间用在唱歌上,他还很喜欢萨巴提斯送给他的清洁画笔的布。他的信有一种幽默自嘲的语气,好像自己不再自信,而是完全把自己隐蔽起来,连萨巴提斯都说不清毕加索此时心里的想法。

在璜列平斯的毕加索可能是一个人,也有人认为他跟玛丽在一起。然而不管怎样,毕加索都很少画画了。5月时,毕加索回到巴黎,萨巴提斯说服他拿出自己的画作来看看。

他看到一些素描上涂抹了颜色。一个牛头人身的人看起来很高兴，他拉着一辆小推车，上面有一匹快死的母马和它刚生下来的小马，一个灯笼捆绑在它的前腿。还有一幅牛头人身的怪物面目狰狞，正拖着一个瘦弱的白马从黑洞里背到了有光的洞穴，洞口有一个头戴金花的金发少女。

还有一幅半牛半羊的牧羊神坐在一张桌子上。萨巴提斯运用的象征手法跟毕加索很像，因此看到这些画后毕加索一下就理解了他，他明白用什么都难以洗净朋友痛苦的灵魂。

烦恼的日子渐渐过去，毕加索的创作渐多，也逐渐恢复了自信，他经常和朋友在"杜克·马果"见面。一天晚上，他和萨巴提斯来到那里，看到一位年轻女人优雅地脱掉自己的刺绣手套，把一只手平放到桌上，手指张开，用一把尖刀刺手指间的桌面，因为有时刺不准，鲜血很快从手上流出。

"杜克·马果"里特立独行的人不少，但这样美丽和勇敢的结合实在不多。毕加索被她迷住了，于是用西班牙语告诉了萨巴提斯。那位年轻女人立刻抬起头看着他。原来她懂西班牙语。她叫朵拉·玛儿，很多毕加索的朋友都认识她，他们俩却从未见过面。

朵拉·玛儿是毕加索认识的最聪明的女人，她的父亲是南斯拉夫建筑师，母亲是法国人，他们一家人住在巴黎，1936年时她在从事摄影工作。

不管以任何标准来看，她都是一个漂亮的女人，黑色的头发，淡蓝的眼睛，椭圆的脸蛋，高高的颧骨，还有高贵优雅的气质和一双美丽的手。她的聪明使她的美丽更加光芒四射。

当时朵拉·玛儿跟父母一起住，很少和毕加索见面。直到7月的夏天，当巴黎人开始涌向南方避暑时，一个惊人的消息传来了——西班牙爆发了内战。

很短时间内，久居在巴黎连思考都用法文的人们再次成为激昂的西班牙人，他们拥护西班牙共和政府，他们几乎都认为这是必须要做的。

毕加索的朋友从天主教保皇党到无神论无政府主义者都有，每个人都认为自己这样的立场正确，很少有人持有无所谓的态度。

虽然毕加索一直不问政治，但当发生重大事情，跟自己的祖国有关时，他的态度是鲜明、坚定的。他宣布自己绝对拥护共和政府。

他的拥护意义重大，西班牙政府委任他成为普拉多博物馆的指导。但此时半个西班牙已经被佛朗哥占领，他的军队在距离马德里二十英里的地方，并在8月轰炸了马德里。半数普拉多的珍藏都迁到瓦伦西亚。

毕加索能否执行职务尚不知，但他已经做了所能做的一切，用他最有力的武器——他的绘画、他的名声谴责法西斯主义。整个世界都在背后支持他坚决的谴责。

不过到了1935年,毕加索的那个博物馆工作显得不重要了,普拉多的作品很安全,加塔罗尼亚在战争中幸免于难,巴塞罗那的战争也平息了。

毕加索到莫金斯度假,他的一些朋友在那里,还有更多的朋友住在沿海地区。朵拉·玛儿就是其中一个,那时她和朋友在生卓皮兹度假。

毕加索带她回到莫金斯,住在一家叫"大地平线"的可爱的小旅馆里,里面的女服务生都很漂亮。秋天时,他们还带着其中两个女孩一起北上,让她们为毕加索烧饭和做家务。

波提街的画室还留有奥佳的不快乐的回忆,好在沃拉德前不久在乡下买了一座有大花园和谷仓的老宅子,他把谷仓改成画室给毕加索用。毕加索当然很高兴,每周都要坐车去那里三四次,创作一些令人愉快的静物画。

1937年开始,一切都显得很美好,奥佳的不快成为过去了,他很喜欢玛丽·塞瑞丝和玛雅,还跟朵拉·玛儿相处得很愉快。朵拉·玛儿没有和他住在一起,但她帮毕加索找到一间大画室,让他在巴黎时也能工作。

后来她从家里搬出来,在画室附近找了一处寓所。在西班牙战争和朵拉·玛儿的影响下,毕加索很快恢复了他的作画状态。

然而,西班牙战局进展并不好,虽然在学校惨烈的肉搏战和街道上的围攻已经把进攻马德里的军队击退,但强国的不干预政策像是丑陋的闹剧。

法国和英国出于不清不楚的好意，却在文字里迷失了方向，而同时，希特勒和墨索里尼不断增加法西斯军队的兵力。

此刻，佛朗哥的军队里有一万名德国士兵以及四倍多的意大利士兵。他们都是严格的正规军人，在德国军队里还有很多空军指挥官和飞行员，他们都为即将到来的更大战争做准备。

毕加索情绪激动地写了一首诗——《佛朗哥的梦和谎言》，这是首超现实主义的诗，还加上了蚀刻的插图。整首诗里有一种隐藏的混乱，这些东西表达了毕加索对战争残酷的痛恨，以及对右派们价值的极度不满和斥责。

当时，毕加索的故乡马拉加正经历着一场残酷的噩梦。战争开始时，马拉加是佛朗哥的地盘里的一块共和政府属地，同共和国土地之间只有临海的公路作为交通。

1937年1月，战争开始，到2月初，包括九个营在内的意大利军队和武装坦克对这里进行野蛮的轰炸，城市瞬间变得残破，死亡一直延续到阿美利亚的公路上，因此无数的难民在逃难时遇到了装甲车和飞机的攻击。

消息传到巴黎时，毕加索正在创作名为"骨骼"的画，画上的一个女人坐在海滩上，正从脚上拔下一根海胆的刺。毕加索内心十分愤怒，在听到这个消息后愤怒达到了极点，但他找不到宣泄的途径。数周后，一个极大的悲剧发生了，这才使毕加索的创作激情全爆发出来。

3月,毕加索搬到格朗奥古斯丁街上,那里的画室很大,足够毕加索工作。就在这里,1937年5月,他完成了最重要的作品之一——《格尔尼卡》,这也可能是他一生中最伟大的画。

之前的4月26日,佛朗哥的德国飞机袭击了格尔尼卡市,在城市上空投掷了燃烧弹和高爆炸弹,并用机枪对街道扫射,从下午4点30分到傍晚一直轰炸不断。整个城市的七千多居民中,有一千六百五十四名被杀死,有八百八十九名受伤。城市几乎被摧毁。

与第二次世界大战相比,长崎和广岛一夜之间曾有几十万的死伤率,对比之下,这都不算什么,但在1937年,这次轰炸震惊了整个世界,这场对人民残酷的暴行是极为野蛮的行径,是黑暗对光明的胜利。

虽然法西斯主义声称是格尔尼卡的居民自己用炸药炸毁的,却没有人动摇过对事件真实性的肯定。消息在4月28日传到了巴黎。

毕加索立刻有了反应。他的反应就是画画。5月1日他连画了五张草图,三张上面各有一个单独的形体,两张是他当时思绪的组合。直到6月中旬,他发疯般工作着,还挤出时间做了一次声明:

西班牙战乱是反动派对抗人民和自由的战争。身为艺术家，我的一生就是一场抵抗反动势力的死亡之战。我无法想象发生的一切，我不能向反动势力屈服……我现在创作的《格尔尼卡》的画里，表达出我对那些让西班牙人民处于水深火热中的军事阶级的无比痛恨。

在他喷涌的愤怒和痛苦中，他的工作仍是小心翼翼的。《格尔尼卡》不是一天就完成的，而是数周持续紧张的产物，如同其他伟大作品一样，毕加索在开始画之前就进行大量的研究，势必要精准表达出他的情绪，以及他的全部情感。这是对邪恶势力的谴责，如果他要取得成功，就需要完美地运用他的艺术武器。

这是一幅巨大的画，四米高，七米长，但令人震撼的不是它的巨大，而是他本身呈现出的强烈情感。人们不会留意到它单调的色彩，因为黑、灰、白本能很好地诠释死寂的世界，并且充满悲伤，这是一种极致的悲哀，只属于灾难和战争爆发后片刻寂静如死水的冷清。

画中央的上方有一个电灯泡从眼睛的阴影中射出，他的下面是一匹瘦高的尖叫的马，一支长矛的残柄从背部穿过，尖端从马的身侧穿出。

马蹄下是一个男人的尸体，如塑像一般碎成一片片，并有清晰的裂痕，画的左边有一只手臂，另一只手则紧握一把破碎的剑，这把剑触碰到一朵小花。

马的右上方是一个女人惊恐地伸出窗外的头，她的长长的手臂提着一盏油灯，几乎快碰到马的头，油灯照亮了一块清楚的区域，包括马的胸部，以及另一个半裸女人的身体，这个女人痛苦地向中央移动，她的腿伸到了画的右下边缘。

在马的左侧的一片黑暗中，有一只巨大的野牛的头部、肩膀和一只腿，突兀地出现在光亮边缘，在牛的左下方，一个蹲着的女人哭泣着，两只手中间夹拖着一个快死去的婴儿。她的哭喊得到右边一个女人的回应，那个女人陷入燃烧的瓦砾中，白色的手臂向上伸直，她白色的头痛苦地向后仰着。那头危险的野牛后面，隐约可以看到一只白色的鸟在黑暗里哀鸣。

所有人都认为这幅画是对战争的残忍的痛恨，以及对无辜者被杀戮的罪行的谴责，但仔细分析一下，还有另一种意见。很多人认为《格尔尼卡》是对西班牙法西斯主义的控诉。

但也有人认为这是一种宣扬，这当然是错误的观点。毕加索的确对佛朗哥不满，但在《格尔尼卡》里，他把自己的抗议升级到更高的层面，让它成为了对战争和不公平待遇的一种呼喊。

如果我们认同了毕加索的解释，认为野牛是野蛮和残忍，马是人民的代表，那么《格尔尼卡》的讽刺含义就更为广泛。这种罪行不仅限于法西斯主义，而是对所有暴力和残暴罪行的巨大抗议，以及对遭受磨难的人们的怜悯和同情。

可以不把这幅画当成是道德的见证,但它一定是一种绝望的淋漓尽致的表现。战争注定不会有胜利,最后只剩下荒芜的战场,和失去规范、艺术的人性。

毕加索在创作《格尔尼卡》时加入了一些剪贴的方式,用纸剪了一滴带血的眼泪,并试着在不同的脸上移来移去,在那头野牛上停留的时间最久,但最后他还是放弃了。他对诗人荷塞·波佳明说:"我们可以把它放在箱子里,每个星期五拿出来一次,贴在野牛的脸上。"

也许艺术跟道德毫无关系,但它跟如何分辨真实和虚伪有关系。从某种程度上讲,美学的真假同光明与黑暗是统一的,当两者同时出现在毕加索面前,他会坚决地站在他选择的那一边。

战火纷飞的日子里

1937年夏天,毕加索到南方旅行,他没有忘记《格尔尼卡》。他的脑海中一直保留着这个主题。此后数月,他画了很多补遗,每一幅都有跟主题相关的精神。在画《阿比南少女》时他也做过同样的事,1907年他考虑仅限于美学的问题,而三十年后,他考虑的是整个体制的问题,因此绘画或任何精神活动是否有意义成为一个疑问。

西班牙战争只是一个可怕的战乱的开始,如同米切尔·莱利士所说:"非黑即白的两个长方形里……毕加索给我们送来哀悼信，他告诉我们，我们所爱的一切终将死亡。"

这年的夏天毕加索仍选择在莫金斯度过。这次假期很愉快，不仅阳光明媚，还有朵拉·玛儿的陪伴，沿海还有很多朋友，比如，马蒂斯，毕加索常去拜访他。然而1937年秋天开始，不安和紧张充满了他的画作。

此时西班牙北部几乎全部失陷，虽然马德里没有失守，但包括工业城市巴斯克在内的全国三分之二的城市都已落入佛朗哥法西斯手里。

1938年夏天，毕加索仍在莫金斯度假，同样的阳光、海水、朋友，太阳却蒙上了一层阴影。9月时德国和捷克斯洛伐克的矛盾升级，经过西方政客多次调解无果后，所有人都知道一场大战在所难免。

于是，整个欧洲都武装起来，法国动用大量军队，很多男人都被征入军队，越来越多的军队整装待发。

毕加索很慌乱，消息变得更坏时，他收拾好东西，连夜赶回特伦布雷的居所。这个月的最后一天，万恶的《慕尼黑协定》签署，它违背了人们的意愿，背叛了千万的捷克斯洛伐克人，纳粹德国的军备工业又增添了一处出口，战争再也无法避免了。愚蠢的张伯伦回到英国，宣称他为英国人民带回了"荣耀的和平"。

1938年年末，漫长痛苦的西班牙内战终于要结束了。马斯特拉斯哥战争发生后，共和国军队丧生了7万人。通向加泰罗尼亚的公路已经开通,在1938年12月,佛朗哥开始了大规模进攻。共和国军队寡不敌众,节节败退,装甲车和飞机也全部损毁,最后从撤离变成溃逃。

1939年1月26日,巴塞罗那失陷。普拉多的珍藏一卡车一卡车地送进了巴黎,数天后,佛朗哥的军队到达边界,50万居民和士兵被驱逐进中立区,被拘留在露天难民营里。战争结束时,毕加索的母亲去世了,当时她还留在巴塞罗那,终年八十三岁。

战争刚开始时,毕加索就没有停止作画,他公开表示自己会用金钱支持共和政府。1939年的一份政府刊物上报道他捐出了30万法郎,还有人说是40万。毕加索生活很节俭,这笔钱等于他两年的生活费用,但这些钱只是捐给政府机构的数目。

1938年12月,他曾建立两个儿童供食中心,分别在巴塞罗那和马德里,开办的费用超过20万法郎。虽然过去的二十年里他收入颇丰,虽然只要他舍得卖画,就不愁吃穿,但他的收入跟现在这样的支出比,还是微不足道的。

此外,他还要负担奥佳和儿子的赡养费,还要养活他的女儿和佣人。很快,他就发现钱不够用了,那么好吧,只能被迫卖掉他的一些珍贵的收藏。

不久,涌入法国的难民开始向他寻求帮助,并且每一个都得到了救助。比如,1939年2月,一群卡达浪的作家从难民营逃出来,到了波兹南。在那里,他们找了一家肯让他们赊账的餐馆,随后他们一群人就睡在车站的候车室。

几天后，当餐馆老板要求付账时，共和国的钱已经作废，而他们身上没有任何其他钱。在他们不知道怎么办的时候，其中的一位认识毕加索，于是让餐馆老板给毕加索发了一封电报，本来他们不抱任何希望，因为他们并不熟悉，也没有任何自己身份的证明。

结果第二天，援助的报告就到了，寄来的钱足够付清账单，还能为这些人买足够的衣服和鞋子，甚至为他们买了去托洛斯的火车票之后，还剩下不少钱。

还有一个例子是跟雕刻家雷布尔有关的。毕加索买了他的两件雕刻，并且在自己的寓所给他举办了一次展览。类似这样的事情不胜枚举。

1937年7月，毕加索和朵拉·玛儿出发到安提比斯，萨巴提斯几星期后和他们在那里见面。安顿好后，毕加索可以开始工作了，但这个月的最后一天的清晨，毕加索匆忙跑到萨巴提斯的房门猛敲，因为他得知沃拉德死了。

毕加索虽然对死亡十分恐惧，但还是连夜赶回巴黎，参加了朋友的葬礼。在波提街又逗留了几天后，他和萨巴提斯才伤心地回到安提比斯。

回来后，毕加索没有立刻开始工作，他先和萨巴提斯到处游览，随后他的两个外甥找到了他，他们是他的妹妹罗拉的儿子，在加泰罗尼亚失陷时逃到法国，还躲过了拘留。

他们给毕加索带来很多快乐以及亲情的温暖，还带来了巴塞罗那的消息。他们的家在轰炸中幸免于难，并且他们的父母也安好。

终于，毕加索觉得自己不能再这样闲散下去，于是到尼斯买了整卷画布，和萨巴提斯一起把画布钉在画室的墙壁上，一切都准备好了，只等他把脑袋里涌现的各种想法画上去。

他精力十足，开始着手画画。最初的想法是画一些他脑中刚浮现的东西，然而把它们装裱，不过很快这些想法被抛诸脑后，因为现在的主题重要到必须用尽他所有的时间。

这个灵感来自于一个炎热的夜晚，他和朵拉·玛儿以及另一位年轻女孩在晚饭后散步。他们走到码头，一边吃着冰激凌，一边看着黑黝黝的海面上小船上的渔民点着电石灯诱捕鱼儿的过程。

因此，此后的数星期里他都在完成他的作品《渔人》，后面是漆黑的城镇，有两个站在码头的女孩，每人拿着冰激凌，还推着一辆单车，有月亮，还有照耀着渔民和鱼儿的电石灯。

不过，文字还是无法表述毕加索的完整思想。比如，正在吃冰激凌的女孩的舌头是蓝色的，像针尖一样，月亮也带着绿色的斑点和橙色的螺旋纹，在方形的光晕里闪烁。这幅画足有七十五平方英尺大。

随着局势日益紧张，在德国和意大利尖锐的叫嚣声里，毕加索决定为自己准备一个惯例的假日，到南方避暑。然而，这时传来令人震惊的消息——法国被纳粹占领了。

毕加索一直对未知的未来心怀恐惧，尤其周遭威胁的气氛变成了眼前的现实，然而这次他出奇地平静。当时虽然法国被占领，警察四处搜寻犹太人，毕加索也成为怀疑的对象，他的作品在纳粹占领区被禁止出售。

他曾公开表示反对纳粹的统治，因此佛朗哥十分痛恨他。他认识很多共产党，而自己也被认为是他们中的一员。当时的社会黑暗又迷茫，法国政府在纳粹的铁蹄下成为傀儡，现在的法国令毕加索又怕又憎，他能做的选择就是逃到美国或墨西哥，或者像马蒂斯一样去巴西，或者到没有被占领的南部地区。

然而，这只是很短的一段时间，很快，一种快乐的情绪又回到毕加索的身边。8月15日，他创作了一幅迷人的《罗扬酒馆》，有阳光下鲜艳的遮阳棚，前面的海洋和灯塔，整个画面被蓝色、阳光充满。接着，毕加索收拾行李，于24日回到巴黎。

马蒂斯也有类似毕加索当时的感觉，他在边境上，包里装着护照，正等着坐上热那亚的轮船去往里约热内卢。然而，他心中在告诉自己："当我看到人群不停歇地纷纷离去，我丝毫没有离开的欲望了……我好像一个逃兵。如果稍微有些价值的事物都不存在了，法国还剩下什么。"

对毕加索和马蒂斯来说，法国有着不同的意义，虽然毕加索一生都是彻头彻尾的西班牙人，但法国，特别是巴黎对他来说意味着自由、光明、美好和鲜活的艺术，只有这一点超过了国家、地域的限制，也是他的拳拳爱国心的归依之处。

战争终于结束了

冬天到来时，巴黎变成一个寒冷又贫困的城市。很多德国人被奉令"行为正当"，他们当中的一些人也表现得很文明，贪婪却无法因此被掩盖。占领巴黎后，一切食物、燃料以及有价值的东西都被不断运送到德意志。冬天，一个新的抵抗组织成立并开始活动，这使得德国人更加蛮横起来。

抵抗活动有很多形式，有高度专精的斗智斗勇攻击，这包括精神上的反击，用刊物、绘画等形式对当局表示不满。德国当局把蓄意破坏机器、补给和武装活动，帮助、隐藏犹太人和反抗分子，或者从事黑市交易的行为视为敌对行为，并给予镇压。

毕加索没有参加这类活动，也没有进行任何情报活动，但他选择了一种更加危险的方式，并且不少活跃的反抗首领都很认可他这种行为。

毕加索很支持黑市活动，他认为这是一种爱国义务。他找到一家黑市餐馆，并且为自己的雕刻找到了不合法的青铜来源。不过，在巴黎没有人能力大到能弄到黑市的电或瓦斯。整个巴黎都陷入寒冷中，很少有人住在毕加索那样的17世纪谷仓一样的房屋里，因此毕加索感到分外寒冷。

作为西班牙人，他能忍受不同程度的寒冷，但不能少了友谊和关怀。他的朋友分散各地，有的去了美国，有的回到了西班牙。狄伦和佛拉明克留了下来，他们向德国示好，因此享受特权，还到德国访问。后来，战争让社会更加黑暗和残酷、悲哀，这时的毕加索跟他的犹太朋友一样，几乎不出门，只在家里画画。因此，1942年后，很少在酒馆里看到毕加索的身影。

还好有朵拉·玛儿和萨巴提斯的陪伴，毕加索的寂寞减少很多，此外还有住在圣路易斯岛的玛丽·塞瑞丝和玛雅，他每个星期四，也就是玛雅从学校放假回来的那一天去看望她们一次，有时星期天也会去。

1941年到1942年，他再一次把精力放到雕刻上，不仅因为自己的内心需要，还因为那年冬天实在太冷了。在他的大画室里，他的双手因为过于僵硬而无法拿笔。浴室是唯一温暖一点的地方，在这窄小潮湿的房间里，毕加索艰难地工作着。

1941年日本偷袭珍珠港，美国对法西斯宣战，这让欧洲战局呈现新的状况，人们似乎看到希望，1942年情况却很糟糕，德国军队进入苏联腹地，日本在东南亚更是猖狂肆虐。

1942年整整一年里，毕加索大部分的画作都呈现一种严肃、灰暗的色调，并且大多围绕在食物这一主题上。比如，一条鱼做的帽子，上面有刀叉、鸡蛋、水果和一只鸽子的静物画。不同于这些画的是画室里的一幅吉他和斗牛士佩剑的画，这是在4月时画的，剑柄上用了鲜红的颜色，而强烈的蓝色、绿色和紫色让原本愉快的画面显得十分灰暗，即使用了黄色和朱红色，画面也并不快乐。

这年夏天，德国和法国军队开始在巴黎进行大规模扫荡，1942年的7月到8月间，成千上万的人被逮捕，人们流离失所，火车运着大批的犹太人、共产党员、反抗分子、嫌疑犯到各大集中营，其中有不少是被诬告的。枪杀人质的行动很早就开始进行了，7月和8月在巴黎郊外被枪杀的人就多达200多名。

这段时期人人自危，只要一通匿名电话或书信就可能被秘密警察带走。这段时间也是警察经常去毕加索居所的时期，他们总是盘问他的朋友是否在这里，以及他是不是犹太人，然后就会搜查整个房间。

他们用"行为正当"的幌子搜查他的房间，而毕加索总是小心翼翼准备好所有文件，以免被他们抓住把柄。也许因为顾忌他的名声，这些警察并没有像对别人那样压榨、勒索他。

但不是所有前来的德国人都是搜查他的，有些是官方的代表，向毕加索暗示某些特权。比如，更多的口粮或者煤炭，还有一些自称是艺术爱好者的人，他们对毕加索百般奉承，然而毕加索都以冷淡坚决的态度对他们，他们也什么都没得到，只有《格尔尼卡》的明信片，他把这些放到他们手里，嘴里说："纪念品，这是纪念品。"

有一个关于德国大使阿贝兹的故事。阿贝兹来拜访毕加索，为了使毕加索高兴，他看着一幅画向毕加索惊呼："原来这是你的作品，毕加索先生。"毕加索回答："不！这是复制品。"这个故事的准确性尚不可知，在当时却传得沸沸扬扬，可见毕加索还是受到某种程度的尊重。即使是在极端不安的环境下，他也从来没有屈服过。

就在那个阴郁的夏天，毕加索开始为一座塑像准备，这个作品就是《抱着羊的人》，他最开始考虑了几种不同的形式，比如，绘画、木刻、石板等，但在他越来越沉浸在这个主题的时候，他的草图多达上百张，他看出这件物品必须独立于平面之外，于是决定用雕刻的方式进行。但是一直到年底，他都没有找到雕刻所需的大量黏土，跟很多其他东西一样，黏土在战争时期是很难弄到的。

1943年是充满希望的一年，巴黎却看不到这种希望。虽然1942年盟军没有进攻北非，但两天后德国人就侵入了法国南部地区，整个法国也沦陷了。反抗组织活动频繁，镇压活动也愈演愈烈。食物极其短缺，经常停电，毕加索只能像年轻时那样用烛火来工作，而瓦斯的火焰总是不稳定，有时还会熄灭。

一个多月的时间里，毕加索都在制作用来支撑黏土的金属骨，整个雕塑的架构安排已经准备妥当，现在只剩一些最后的细节。他已经找好了黏土，但他还是没有着手处理那些金属棒，因为他知道，他的观念还没有完全成熟。

在寒冷、阴暗的2月的一天，战争看起来似乎永无休止，毕加索开始工作。他知道自己想要的是什么，他不需要模特、细节，甚至羊鼻子的弧形都完好地安放在他的脑海里。

在难以置信的速度下，一座不同于毕加索的过去和未来的伟大雕塑出炉了：这是一个高而强壮、秃顶、瘦削、长着胡须的中年男人，他的两条腿粗而长直，大脚牢牢地踩在地面，抱着一只大绵羊在往前走。

他平衡自己的体重而采用的姿势极尽完美和简洁。而那只绵羊把头扭向男人的外侧，如同真绵羊一样在男人的手臂里。男人的右手托住了它的臀部，左手抓着它的脚，好像欧塔的耕农，他的面孔严肃、坚定，散发出一种高贵。

这座塑像很快被毕加索做成了石膏模型，但只要有德国人在，他就不可能找到足够的铜来塑造它，因此，《抱着羊的人》就一直立在他的画室里，脆弱而苍白，一直到战争结束。当时有很多人看过这座塑像，虽然对于它象征的意义有很多不同的看法，但都认为这座塑像象征着对自由的渴望和对自我尊严的信心，而这两样都缺失的时候，它给了人们极大的勇气和信念。

1943年，世界都跟着改变了。德国人被赶出了北非，从苏联全面撤退，盟军入驻意大利，墨索里尼的军队也随之瓦解。法国的抵抗组织以空前的速度增长，不停骚扰德军，还送出情报信息，并利用一切可能的方法保住国家的精神，这当中包括秘密刊物在巴黎扩散，明显的抵抗活动恢复了以往的健康面貌。

毕加索此时因为一次偶然的邂逅而无比欢快。5月的一个夜晚，他和朵拉·玛儿以及一些朋友在卡达浪餐厅吃饭，他注意到旁边的餐桌上有两位漂亮的女孩，和他认识的一个演员坐在一起。于是，他拿起一颗樱桃，走到演员身边请他介绍。

两位女孩是画画的，毕加索欣然邀请她们到自己的画室。后来她们真的去了，第一次两人一起去，第二次只有一个女孩去，这个女孩就是弗兰柯斯·姬洛德，她当时只有二十一岁，弗兰柯斯出身富裕的中产阶级家庭，主修文学和法律，也学习绘画。在6月时，他们的关系还没有发展到亲密的程度。

1943年9月，毕加索的心情前所未有的快乐。意大利投降后，整个城市充满了希望，苏联红军进入到第聂伯河，法国随时会出现盟军的军队，他们运送给抵抗组织大批的武器，盟军和抵抗组织不断轰炸工厂、铁路、军事设备。

冬天到来时，毕加索旅行到圣本诺瑟罗，麦克斯·杰克卜在那里等着他。从1936年起，杰克卜就一直住在修道院的左边。毕加索看到朋友老了，而且杰克卜十分悲伤，他的兄妹因为是犹太人而被抓，他自己倒不害怕，因为他一直有信仰的支撑。

现在看到毕加索，他的精神振奋起来，把自己的胶彩画拿给毕加索看，两人一起聊着以前同睡一张床的往事，以及之后发生的一切事情。

杰克卜一直认为自己有预感未来的能力，他热情地给朋友看手相，用纸牌算命，送幸运符给他们。当然，某种程度上，他只是为了寻他们开心，只要能感到快乐，他都不会吝于去做。但现在，毕加索走后，他在教堂的访客名单上故意写下自己的死亡日期："麦克斯·杰克卜，1944年。"

1943年11月，巴黎的地下抵抗组织随时准备给德国最后的致命一击，盟军登陆巴黎的传言满天飞。德国人刚从前线败退下来，犹如困兽一般紧咬住法国不放，想要在被彻底击败前做出最后的挣扎。被处决和流徙的人数剧增，恐怖的列车不断向北方拥挤的难民集中营驶去。

1944年2月24日，麦克斯·杰克卜被逮捕，被送往德伦西，一个通往更大集中营的前一站。消息传到巴黎后，柯克多立刻写了一份陈情书，而所有的朋友也开始动用一切力量来救杰克卜。

然而，一切都不能打动德国人的同情心，而且也来不及了。在寒冷、阴暗、污秽的小屋里，麦克斯·杰克卜感染了肺炎，于3月5日去世了。当时的他六十七岁，是一位温和无比的老人，一位杰出的诗人。在犹太仪式中，他的遗体下葬了，他的朋友中有足够勇气和热心的都参加了葬礼，毕加索也是其中一个。

生命在这个时候是脆弱的，很多人在他们还有能力的时候尽情享乐。就在这一年，弗兰柯斯·姬洛德成为了毕加索的情人。

1944年6月，盟军登陆法国诺曼底。地下反抗组织立刻攻击了德军的交通线，并占据了一些据点，德国人在向北撤退的过程中更加疯狂的屠杀人民。8月，盟军开始突然袭击，而集中营里的屠杀也随之开始。战争即将蔓延到巴黎时，巴黎将被德国人摧残是不争的事实。

然而，德国人没有想到巴黎人民早已做了防范。德军坦克抵达郊区之前，整个城市的人都拍案而起，防御工事在一夜之间构筑了起来，成千上万的人们参加了战争，警察、铁路工人、公务员、学生、抵抗组织都行动起来，一场大战一触即发。

大批隐藏的武器都拿了出来，比德国人预想得要多得多，德国人只能乘坐坦克行动，而即使是坦克也常被烧毁，战争越来越激烈，外出成了危险的事。

有一次，毕加索把头伸出窗外，一颗子弹擦着他的头边不到一英寸的地方飞过。即使是这样，在这漫长的混乱的战斗中，他还是想方设法到玛丽·塞瑞丝的居所去，那里距离他的画室有一英里，而且战况激烈。

他在那里为女儿画了两张画，她现在是个甜美的小女孩。战斗仍然持续不下，他开始临摹《牧神的凯旋》，把这幅画用自己的方式改动，工具就是水彩和胶彩。他用极为鲜明的色彩作画，而且一边临摹一边大声歌唱，几乎把外面的枪炮声、玻璃的破碎声、坦克的轰隆声掩盖了过去，他知道和平即将到来了。

这幅画跟原画差不多，一幅树木的风景画，左边是吹着喇叭的人，前面是面具和花瓶。

原来这幅画上的牧神凯旋庆功起码是有限度的，毕加索的狂欢却毫无限度，画面上一群错综复杂的少女、快乐的赤裸的肢体、半人半羊、爱和快乐、大量的食物、大量的水果、酒水，在这里都完全解脱了。

第五章
闪耀历史的绘画大师

法国光复后

法国光复后,举国上下充满欢乐,毕加索跟朋友们也是一样,此后他却真正被囚禁在个人的神话里,被凡人社会放逐了,而且这是一场无期徒刑。

"二战"爆发前,他名声显赫,但这种名声多半是道听途说,真正见到他认识他的人很少,因此他可以像个普通人一样走动。现在却不同了,战争把几个伟大不屈的名字再一次呈现在人们的视野:七十多岁的羸弱的马蒂斯,隐居在远方的汝斯,沉默的憎恨社交的布拉格,以及毕加索。也只有毕加索足够强壮到成为众人侧目的焦点。

不仅如此，在巴黎被德国人占领期间，不少抵抗组织成员曾经在毕加索的画室聚会，因此这里成为光明、自由的象征。那是被战争笼罩的特殊时期，在混乱的日子里，毕加索曾有段时间住在玛丽·塞瑞丝那里，因此看不到毕加索的人以为他被德国人抓走了，还有人说他被当成人质杀害了。因此当他完好出现在人们眼前时，整个世界都为他欢呼。

从那时起，他的名字就经常见报。法国光复的那一年，也就是1944年10月5日，传出了他加入法国共产党的消息，从此他更加为人们熟知。

法国的共产主义的观念跟莫斯科截然相反，还有很多成员并没看过马克思或列宁的书，因此主要是为了解放祖国和痛恨资本主义恶劣行径而加入的，他们就好像毕加索的兄弟一样，特别是战后那段意气风发的时期。

然而即使是如此被人关注，人们也很少谈论他的画，更没人了解他作品的意义。共产党对艺术、对社会写实主义以及直接宣传教育群众的观点，当然与毕加索背道而驰。

当时有一个迷人的少女叫珍妮维叶·拉波蒂，她并非共产党员，而是学校抵抗组织的医生。她代表学校刊物采访毕加索，希望他解释自己的作品，因为她的同学并不理解他的画。

她来到毕加索的画室时显得既紧张又羞怯，但毕加索热情地接待了她，让她坐在一张长椅上，跟她聊她的学校，还给她看自己的素描以及最近的作品，还有早期画作的复制品。后来，她终于鼓起勇气，说出了前来的目的，她用这样的字眼开始："我并不了解……"

毕加索叫起来："了解？这跟了解有什么鬼关系？图画什么时候开始变成教学证明了？它不是为了解释，解释什么呢，我的天啊！它是为了唤醒观看者心里的感受，一件艺术品绝不能让看的人无动于衷，一定要有强烈的反应，并开始创造，哪怕是他想象中的创造。看的人一定要从麻木迟钝的状态里走出来，像被抓着喉咙剧烈摇动一样，一定要让他深刻感受到周遭的世界，为了达到这个目的、就必须先把他从这个世界拖出来，这就是作品的意义。"

稍微平静一些后，毕加索跟她说了很多她前所未闻的事情：关于美，丑恶之美，相关性质，以及想象的价值。接着，他带她走到门外，还邀请她写完后再来。

愉快的关系就是这样开始的。她每个星期三的下午都会来，这段时间她本来是在上课。他们一起坐在长椅上，她孩子一样说个不停，他则喂她吃巧克力，巧克力在当时的法国是稀有的好东西，是一些美国士兵给他带来的。

浮生偷得半日闲的日子之外，他都跟弗兰柯斯·姬洛德在一起，或者接待不同的访客，或者为西班牙难民奔走，此外，他还是一如既往地画画，经常画到深夜。

同珍妮维叶·拉波蒂的友情日益增长的同时,他同弗兰柯斯·姬洛德的关系越来越恶劣。这两件事情没有直接的关系,对他来说,珍妮维叶·拉波蒂只是一个可爱的孩子,而弗兰柯斯·姬洛德却是他的情人,而这时的弗兰柯斯·姬洛德已经看到了毕加索性格里暴躁、易怒的一面,她很难接受。

毕加索并不总是生气和愤怒,但发作时如同火山爆发一样。每一个认识他的人都知道他是亲切的,但他暴躁起来也势不可当,很少有人能忍受这种狂暴的状态。朵拉·玛儿不能忍受,而弗兰柯斯·姬洛德当然也无法忍受。

1945年开始,他们就很少见面了,有时候他离开一两个星期,有时候甚至两个月。而朵拉·玛儿根本不会去他的画室,只在他约她的时候跟他一起外出。后来,朵拉·玛儿有精神崩溃的迹象,这使得毕加索十分沮丧、困惑,甚至不知所措。他以为别人跟自己一样坚强。

1945年夏天,战事已经结束。集中营的一些生还者回到了法国,这些人瘦得只剩下一把骨头,并且大多数都患有结核病。毕加索从他们那里听到很多事,还看了一些照片,感受更深。

这几个月的时间他都在画一幅类似《格尔尼卡》的作品《停尸间》。它的色彩是全灰色的,尺寸也没有《格尔尼卡》大,只有它的四分之一,但也是一幅巨作。

《停尸间》由于没有色彩,因此显得更大。左上方是一张白色的桌子，上面是起皱的桌布，还有一只壶和汤锅。左下角到右上角的对角线上是一堆散乱的尸体，有一个男人、一个女人、一个婴儿。这些尸体乱七八糟地堆叠起来。这幅画让人们看了很压抑。它不是立体派风格，它的扭曲、如雕像般的平面却是真实的完整的毕加索。它是最直接而非象征性的画作，是一种沉默却强烈的谴责。

这年夏天，毕加索停下所有的工作，带着朵拉·玛儿到南方度过假期。这次假期有些焦虑的成分，虽然他们一直待到秋天，这段时间他的作品却没有地中海太阳般的热情与活力。

后来，他在瓦库鲁斯的梅那比小镇上买下一幢房子，送给了朵拉·玛儿。

毕加索在10月回到巴黎，11月时，弗兰柯斯·姬洛德告诉毕加索她已经无法离开他了，这个时候她已经从学校毕业，而几个月前毕加索更激起了她到美国的决心，因此她决定到宾州的史瓦斯摩就读。

弗兰柯斯的出现让毕加索很开心，她给他带来了青春的活力。1946年2月，弗兰柯斯·姬洛德摔断了一只手臂，毕加索把她带到南方修养。回程之前，毕加索告诉她要和朵拉·玛儿一起住，弗兰柯斯认为他应该断了跟朵拉·玛儿的关系，他答应了她。

他强迫弗兰柯斯·姬洛德跟他一起到朵拉·玛儿的住所，逼朵拉·玛儿承认他们的关系结束了。朵拉·玛儿说："你一辈子都没爱过任何人，你根本不懂得怎么爱。"

1946年5月底，弗兰柯斯跟毕加索开始了同居。7月，毕加索带弗兰柯斯乘车去往普罗旺斯，待了一段时间后，他们又到哥斐璜和安提比斯去。

一天，哥斐璜的小美术馆馆长拉索奇尔跟毕加索和一些朋友在海滩遇到了，他厚着脸跟毕加索要一幅捐赠的作品。毕加索用一贯的态度说："当然了，我会找一张小的给你。"这话似乎让对方很不舒服，于是他又补充说："我一直想在大的平面上作画，但一直没有机会。"

拉索奇尔喊道："平面，你想要平面？我可以给你一些。"事实上，他的确可以，整个美术馆的二楼都是空荡的大房间。

毕加索开始了人生最快乐的一段作画时光。他进入那间二楼空荡的画室，关上房门，开始在墙上画了起来。每天从中午画到晚上，从夏天画到冬天，想到什么就开始画，蓝色的山、羊群、微笑的人们、少女、长角的半神、渔民、卖海胆的女人、几何形状的裸体少女，以及其他一些物体。当冬天来到时，他不得不回到巴黎。

但最后毕加索还是没有正式把这幅画捐出去——他不喜欢跟自己的作品就这样分开，去把它置于一种无主的状态。

只要一回到巴黎，毕加索就去看他的朋友，包括朵拉·玛儿。他从不会跟以前的情人失去联系。即使跟奥佳，他也保持某种方式的联系，并且他也从不会忘记她。对友情，毕加索有一种超乎寻常的包容力，他不仅是她们的情人，也是朋友，毕加索认为，爱情消失殆尽后，友情却可以长存。他跟朵拉·玛儿分开后仍保持很好的友情，而且他们还是相互喜欢。

1947年5月，弗兰柯斯给他生了一个男孩，叫他克劳德，不久后，毕加索带着他们，连同一个保姆，一起到哥斐璜度假。

毕加索到那里去纯粹是为了看看他以前的画现在怎样了，然后再带回一些其他的东西。这时，他发现一种新的材料——泥塑（陶瓷），他发现了它的潜力，于是开始热切地探索这一领域。

夏天过去后，冬天到来了，他制作的盆盆罐罐多达两千件，而他仍然不停地旋转、揉捏、赋形、切割、上釉，并在那些他满意的黏土上绘画。

无尽的遗憾

1947这一年，毕加索很少在巴黎出现，只在年末时出现了很短的一阵子。到1948年2月，他回到南方，居住在哥斐璜，在瓦劳瑞斯工作。他依然源源不断地制作陶瓷，有鸽子、猫头鹰、类似古希腊的人体、画有安提比斯牧神或者地中海鱼的碟子、野牛、斗牛、太阳。

各种不同动物的组合和容器都有实际的用途。他粗糙的手总是十分灵巧,能短时间内精通各种工具,而现在这双手就是他最好的工具,他已经精通了这项艺术,而他新奇、有创意的想法总能出奇地成功。

毕加索有时候可以创作出几乎令他满意的作品,将绘画、雕塑、拼贴结合起来,运用色彩和三度空间合成,而每一种都具有独立运用的高水准。虽然他对自己的期望的标准并不高,但他的成就确实达到了高水准。

从这一年开始,奥佳就经常盯着毕加索和弗兰柯斯,还会在街上跟踪他们,有一次毕加索非常生气,打了她一耳光。现在的她比原来更加严重,甚至会跑到他们的寓所去,对弗兰柯斯又打又抓。

当弗兰柯斯告诉毕加索时,他显得并不十分关心,因此弗兰柯斯就每天说个不停,一直说到他的忍耐达到了极限。他在瓦劳瑞斯买了一间房屋,跟她搬了过去。

弗兰柯斯不理解一个男人在工作时承受多大的压力,她一向总是先考虑到自己,而一旦她有什么不顺心的事,就会把脸沉下来,让整个家都充满阴郁的气氛。

对爱大笑的毕加索来说,这无疑是难以忍受的,她就像个悲伤的女皇。也许这就是有人问道他们为什么不正式结婚时,他勃然大怒的原因。

1948年8月,毕加索到波兰去,弗兰柯斯再次怀孕了。这次旅行不是突然的决定，而是在毕加索极不情愿的情况下，是共产党多方游说的结果。

因为当时苏联跟西方的关系接近冰点，苏联决定在波兰召开知识分子和平会议，并集合了世界各界响当当的人物。毕加索的绘画艺术以及声望是众所皆知的。

波兰大使派遣了一个女士到瓦劳瑞斯去，这个女士对毕加索说："你的共和国护照没有任何问题，波兰可以派一架飞机接你，飞机当然非常安全。"

这个女士说得没错，飞机一路飞行平稳，很快就到了波兰，但毕加索并不习惯这种冗长的会议。

不过，也有一些热烈的场面。大会热情欢迎这位艺术大师，认为他是一位和平主义者，但有一次，一位苏联代表在演讲中谴责毕加索的绘画是一种堕落的艺术，而毕加索以他一贯的火爆脾气予以回击，怒斥对方。

一开始，弗兰柯斯·姬洛德以为毕加索只离开三天，结果他去了三个星期。这在平时是一种不能容忍的冒犯，更何况她认为自己怀孕的状态更应该被百般呵护。虽然毕加索每天都会拍一封电报给她，她却怀疑是他的司机代写的。当毕加索终于回到家里，抱着给她的礼物时，她给他的欢迎是迎面一击，然后就把自己反锁进卫生间里。

他们在10月回到巴黎，一方面是为了1948年安提比斯的画展，另一方面也是为了一个较大规模的陶艺展览。

这次陶艺展里，毕加索拿出了149件他自己最满意的作品，结果并没有引起多大的反响，这让他十分失望。不过，这些陶艺作品展览使得更多的画家、雕刻家、匠人都走进最近的陶器工厂，此后法国的二十年时间里，各种奇形怪状的壶罐和烟灰缸充斥着法国的雕塑界。

1949年4月，弗兰柯斯·姬洛德为毕加索生了一个女孩。同一时间，巴黎正举行一场大型的共产党主办的和平会议，毕加索为他们画了一张海报。

那是一幅石版画，黑色的底面上是一只白色的鸽子，这幅作品是他最好的版画作品之一，而且一点也看不出宣传的味道。这只白色的鸽子象征着和平会议，并且一夜之间这幅画就出现在巴黎的每一道墙上，即使是反对共产主义的人也不得不对这幅画赞叹不已，毕加索备受鼓舞，给自己的小女儿起名为"派洛玛"，西班牙文意思就是鸽子。

1949年，这一年毕加索创作了大量作品，成批的画作和陶艺堆在房间里，再加上多了一个小孩，因此原本的空间显得不够用了。

夏天时，毕加索买了一幢瓦劳瑞斯旁废弃的香水工厂，那里有很大的空间可以让他进行雕塑的工作。1950年，他就是在这里创造出《雌山羊》，这也是他最好的雕塑作品之一。

毕加索在他的工作室里制作山羊的时候，显然是十分快乐的，日常的生活却并不是那么让人快乐。孩子固然会带给他很多欢乐，他们的母亲却绝不是一个容易相处的伴侣。

弗兰柯斯·姬洛德总是觉得自己被冒犯了，因此总是不断制造房间里阴郁的情绪。每天早上毕加索都过得不错，因为哥斐璜的海滩有很多朋友，接下来工作时的感觉更好，但其他的时间，毕加索却要忍受太多的阴郁、愁眉苦脸、抱怨。经历了这样的一段时期后，毕加索对朋友说他快要自杀了。

并非是珍妮维叶·拉波蒂的出现才使得毕加索产生这样的情绪，事实上，她的出现让他"再次微笑"，并拯救了他。1945年之后，她开始成长为一名气质优雅、身材苗条的年轻女士，她大部分时间都花在乡间生活、养狗、写诗、养马上，并且像以前一样可爱。1950年，她决定回到巴黎居住，并且经常找毕加索。1951年，他们成为了恋人。

他们的关系如同田园一般写意。不论从哪方面，他们都是最适合对方的伴侣。她深爱这个男人，同时对他的作品有很深的感受力，而他欣赏她的诗意、才华、可爱和温和的态度，不侵害、不占有，能愉快地相处，甚至是彻底的友善，完全站在他的角度。

他们之间的年龄差并不重要，毕加索有一颗跟她一样年轻的心，已经是七十岁的他仍然能步履矫健地跟她攀登普罗旺斯山，用同样的语言谈天说地,他告诉她关于杰克卜和阿波林纳的事,很多年过去了,这两个朋友至今还鲜活地活在他的心中。现在的他已经彻底摆脱了许多年前困扰他的关于年龄的恐惧感。

他说:"如果我一直不照镜子,可能根本不知道我已经老了。"他一点都不去想他的年龄问题,除非一些话迫使他去想。一次,珍妮维叶·拉波蒂说再过五十年后,她就可以告诉她的孙子关于他的事情,他的眼里一下充满泪水。此后,他们再没提起过"死"这个字。

然而世界不容许毕加索永远跟珍妮维叶·拉波蒂一起爬山、游泳,也不容许他一直继续快乐系列的风景画。1950年,朝鲜战争爆发,法国政府以房屋短缺为理由,要征收波提街的老宅当成贮藏室,实际上是因为毕加索是共产党员。

毕加索找了一些有地位的朋友,但大战结束时他的光芒已经消失了,当下几乎所有人都反对共产党。经过漫长的调解后,封条还是贴在了老宅的大门上。不过这是1951年8月发生的,前一年的9月,毕加索还曾到英国参加一次和平会议。

不管毕加索对苏联政府是何种态度,他真正关心的是和平本身。为了世界的和平,他会毫不犹豫地抛弃自己的影响力、名声、财富甚至个人的慰藉。

回到法国后,他就开始创作名为《高丽的屠杀》的画作。画的右边是一群现代化的、穿盔甲的武装行刑队,一个佩剑的将领正要下令射杀左边的俘虏们，这些俘虏是赤身裸体的女人，有的怀着孕、有的带着孩子。

头脑简单的共产党员批评这幅画没有标明杀人者的身份，因此表达的主题含混不清。那些粗浅了解这幅画和对屠杀抗议的人们，则说它的冲击力根本比不上《格尔尼卡》。反对共产党的人则说这幅画纯粹是宣传品。看到这些冷淡的反应，毕加索十分伤心而困惑。

在自己家里总是争吵不断，毕加索变得越来越烦躁。不变的是他仍很喜欢克劳德和派洛玛，尤其是派洛玛这个小女孩。1951年6月，毕加索还是跟弗兰柯斯在瓦劳瑞斯。然而不久后，他就回到了法国，带着珍妮维叶·拉波蒂乘车南下，来到了圣卓别兹。

秋天来到时，快乐的日子也结束了。毕加索打算把他们住的房子买下来送给珍妮维叶·拉波蒂，但她没有同意。他们的友谊开始的时候，他就发现她从不接受他的馈赠。当她是一个女学生时，就曾拒绝主题为油灯的版画，直到他说："你就像太阳照耀着我，我也应该给你一些光亮才行。"

珍妮维叶·拉波蒂跟毕加索回到巴黎，接着毕加索跟弗兰柯斯度过了漫长寒冷的冬天。1952年，毕加索和珍妮维叶·拉波蒂共同的好朋友艾留阿德去世了，毕加索立刻赶往巴黎，走之前，弗兰柯斯要求一起去，还说打算跟毕加索"时刻在一起"，同时，还威胁他，如果不答应她，就要"给他点脸色看"。

毕加索当然不会同意，自己去了巴黎。艾留阿德的死让他感到非常悲哀，葬礼结束后，他生病了，当他疲倦又难过地回到瓦劳瑞斯时，弗兰柯斯告诉他，她没有留下的必要了。这的确能解决问题，但毕加索并不想要这样的解决方式，因为这等于他失去了孩子们。他质问她是不是有了别人，她说没有。但在1953年的春天，她独自前往巴黎时，开始跟一个希腊男人有了某种接触。

毕加索低声下气地恳求她留下来，这种态度让他的朋友都感到惊讶。他的恳求加上弗兰柯斯的摇摆不定，产生一种效应，他的1953年就是在这样不稳定的情绪中度过。

这段时期他过得很悲惨，他不能跟珍妮维叶·拉波蒂取得联系，她因为艾留阿德的死十分悲伤，到乡下隐居去了，此刻他的身边没有任何能谈心的知心朋友。

这段时间里，他对这样的状况的反应非常激烈而矛盾，有个明显的例子就是，他会突然变得很活跃，以往他不屑于跟那些不是他的朋友却对他好奇的人交往，但现在他积极投进每个人群，身边也跟着一大群闲人，跟着他逛遍斗牛场或者夜总会。特别是在圣卓别兹附近，他做这些事的时候很希望能遇到珍妮维叶·拉波蒂。

因为她年轻时很喜欢去这些地方。这段时间他的脸上还出现了滑稽的妆扮。访客觉得有意思,也有人觉得很尴尬。他们发现接待他们的毕加索的脸上挂着白色纸板的假胡子、假鼻子,还戴着一顶纸帽子。

9月29日,弗兰柯斯终于带着孩子一起离开了。她之前已经告诉过他,但由于她说过太多威胁的话,因此这次他没料到她会真的离开。她到巴黎后就投入了那个希腊男人的怀抱。

这也是一种解脱。几天后,毕加索到了巴黎,他已经跟珍妮维叶·拉波蒂取得了联系,她写了几封信给他。这次,毕加索一到巴黎就给她发电报,希望她来看望他。

当她来到他门前,打开门的却是女仆爱妮斯,她露出欢迎的微笑,小声说:"弗兰柯斯走了,先生太害羞了,不敢在电话里告诉你,让我告诉你……"这时,萨巴提斯走了出来欢迎她,随后才是毕加索。

几个人在一起共进午餐,接着其他人都走开了。珍妮维叶·拉波蒂告诉毕加索她在亚波尼的农庄,然而问他可不可以去看看。他点头同意了。她说,她会开车送他去,她的车子就停在门口。他告诉儿子保罗,一会儿就来加入他们,接着两人就出发了。

他们已经将近一年没见面,这次见面是一种考验。一路上两人都十分沉默,毕加索希望跟她共度余生,但不知道如何说出来,可能因为他不习惯恳求别人,也可能他要说的事对他来说十分重要,并且,弗兰柯斯对他年龄一再强调,让他不再自信。

车子一直开到亚波尼,他也没能开口,晚餐时两人单独用餐,他也没能直接说出口。到了晚上,他还是没有说出口,第二天早上也没有,最后他告诉她,他要回瓦劳瑞斯了。

珍妮维叶·拉波蒂感到非常吃惊,并且受到了伤害,她很希望他能多陪她一阵子。沟通困难、表达紧张还有害羞的情绪,这些一定是非常严重的问题,因为保罗就在旁边。车子开始发动了,毕加索终于鼓起勇气,转过头对她说:"你跟我来吗?"她很伤心,也很困惑,竟然心不在焉地说:"先把床单换了再说。"

很难明白这句话是什么意思。但这句话刚说出口,她就脸红地后悔了,但话已经说出口,不可能再收回来,而那辆汽车就那样渐行渐远。

始终保持自己的本色

毕加索认为自己遭到了拒绝,于是默默接受了这个结果,他回到了瓦劳瑞斯,这个沉寂得不再有孩子的欢闹声的家里。

1954年,弗兰柯斯把孩子带来跟毕加索度暑假。她跟那个希腊男人的恋情维持了不到三个月的时间,而现在她跟毕加索保持一种礼貌得过头的状态,毕加索甚至请她为瓦劳瑞斯的一场斗牛比赛举行开幕式,这场比赛是特地为毕加索举行的,但她很快就离开了。

8月，毕加索的朋友拉瑟米夫妇带着毕加索和孩子一起到柯留瑞玩，他非常喜欢这里。柯留瑞的人口不到两三千，虽然一些斗牛比赛的场所挤满了人，但避免了大批的观光客的打扰。也没有钢筋水泥高楼，周围都是有着红色瓦片的古代建筑。

人们主要以捕鱼和酿酒为生，即使在炎热的夏季，海滩上仍有足够的场地留给想要游泳的人们。毕加索几乎每天都在这里游泳，游出海湾之后，他看到整个岸边和四周的天然景色、古色古香的房屋城堡，以及大大小小的渔船，最令他愉悦的是一切都沐浴在温暖纯净的阳光里。

同时，他还可以欣赏柯留瑞的居民用跟其他地方的人们不一样的态度对他。在他住的地方，他走到哪里，都会引起人们侧目，而在柯留瑞，他可以自由地在街上漫步，或者到酒馆里闲坐，或者去海边散步，绝对不会引起别人的围观，也没有人们对他异样的眼光。

此外，如果派洛玛自恃自己不同的身份，而在海滩欺负别的小孩的话，立刻就会响起粗犷的卡达浪语言的咒骂，让他不敢造次。

卡达浪有一个明显的特点，就是独立。卡达浪人拒绝财富、等级、名声、地位或者任何其他事物的压迫。这种一视同仁的态度往往被其他国家看成无礼的象征，毕加索却完全习惯，并且很舒适。他在这里不会被看作是神圣的异类。

而柯留瑞的居民因为他的随和没有架子，以及他的卡达浪语言和处理事情的方式而喜欢他。而毕加索喜欢他们是因为他们的桀骜以及爽朗直接的性格。

他整天跟他们接触，有时候甚至通宵达旦，因此他很快结交了不少当地的好朋友。他的朋友请他去主持一场斗牛比赛，他表现得相当完美。他不仅一直遵循严格的西班牙礼仪，有趣的是还对一位表现糟糕的斗牛士冒出一大堆卡达浪脏话。

暑假结束后，毕加索回到了瓦劳瑞斯，秋天时，他回到巴黎参加了一个作品展出。在巴黎，他看到了珍妮维叶·拉波蒂，现在他们之间的误会已经难以消除了，但见面时还是充满感情。他得知她的诗选获得成功后非常高兴，表示祝贺，那就是6月出版的《幽冥骑士》，诗选里面有七幅毕加索的插画。

秋天，毕加索也见到了弗兰柯斯·姬洛德，他们再一次发生激烈的争吵。几个月后，她告诉毕加索，一个叫塞蒙的男人要娶她了，他们又争吵了一次。而争吵的原因是因为瓦劳瑞斯的别墅。当初毕加索是用她的名字买下别墅的，现在她想要占为己有，但这里已经是毕加索习惯住的地方了。

在两次争吵之间，毕加索的创作很少，还有一部分原因是他的朋友们，他们在很长一段时间看不到毕加索后，现在都纷至沓来。另外，还有很多陌生人到访，比如说记者，他们都渴望了解他的私生活。

同时，毕加索在巴黎的名声已经越来越大，让他越来越不舒服，他甚至无法在住处附近安静地散步。一旦他进入一群看热闹的人里，人们就会立刻把目光放在他身上，他已经成为人们的热闹。

这期间还发生一件事，1954年11月，马蒂斯长期患病后终于与世长辞，这件事让毕加索万分悲伤。当别人问他对马蒂斯的死有什么意见时，他只是说："既然马蒂斯已经走了，就没有任何可以说的了。"

1955年2月底，在坎内的一家医院里，奥佳死去了，她长期以来饱受局部瘫痪的痛苦。毕加索一直跟她保持着联系，能在他的房间里看到她的照片，而他一辈子都佩戴着她的戒指。奥佳死后，他回到南方，为她举办了葬礼。

他这一次没有在瓦劳瑞斯安顿下来。显然，那里的房子已经不属于他了，虽然他很不喜欢自己的生活被改变，但还是另外找了一间大房子。

这幢房子位于坎内郊外的一个富有的叫卡里福尼的别墅区。这个房子很气派，但也很丑陋，然而里面有很大的空间，并且充满光线，还有一个小花园。这是毕加索想要的，这个花园跟市区公园很像，但至少可以免受不速之客的打扰。

他一住进去就把底层改为画室，把所有的画具和杂物搬进来，在周围堆起了他熟悉的七零八乱的摆设。接下来的一次旅行结束后，他就不会再到卡达浪去，而是一直定居在卡里福尼。

在卡里福尼高大、亮堂的房间工作是一件很快乐的事情，然而 1955 年他的作品很少，因为他把更多的时间放在了乔治·克洛索制作的电影《毕加索的奥秘》上了。

这部电影不是第一部关于他的电影，却是当时最具规模的彩色长片。克洛索认为在尼斯拍摄这部电影最合适，特别是在夏天，强力电灯加上灿烂阳光的热力可以使很多人退缩，然而毕加索对于新事物是非常热衷的，他热衷的程度甚至不亚于克洛索。

他有时在热得像火炉一样的电影工作室画画，有时在露天的安提比斯的海滩上，坐在画架前，几秒钟就站起来一次，让摄影机拍摄到他刚画的几笔。

即使经常被导演、摄影师、技师、旁观者打断，他却一直保持着自己的专注力。他一直坐在那里，棕色的满是汗水的身体闪闪发光，清澈的眼睛盯着画布，手指灵活地在画布上挥舞出完美的线条。同其他工作人员一样，他每天都要工作十二到十四个小时，在这期间，一幅幅斗牛、静物、裸女、拼贴和素描从他手中流出。

从事电影工作的人喜欢在工作完后成群结队的逛酒吧，毕加索当然不能错过。虽然已经七十高龄，但他仍然坚持白天作画，晚上玩乐，身边还跟着一大群电影工作人员。

除了这些电影圈的人，还有不少突然到访卡里福尼的人，这些人里有的是画家，有的是共产党员，有的是西班牙人，还有的只不过想来看看毕加索。有些人想要跟毕加索交朋友，有些人想要金钱，而不管目的如何，他们一旦进入毕加索的房间，毕加索就不能拒绝他们。

就这样，他日以继夜地工作，像一个二十岁的人一样，不断透支自己的体力，直到影片终于完成，所有的人都回到巴黎。这个时候，比以往稍微平静的秋天到来了。

10月，毕加索回到巴黎，在巴黎，他看到了珍妮维叶·拉波蒂。她给他看了她第二本出版的诗集，当中还有不少柯克多作的插画。柯克多是她的新朋友，他对她的吸引力跟毕加索相比毫不逊色。

毕加索表现出明显的嫉妒和生气，但他们这次见面还是很愉快的。她拿出一些她创作的诗给他看，他表示很欣赏她的才华，还称赞她的努力，并承诺说下一次出书时要为她的诗集作插画。

1956年夏天，像以往一样，有大批的朋友去往南方，珍妮维叶·拉波蒂也是其中一个。毕加索热情地问她是否是一个人来的，当她说是的时候，他很高兴，接着他们的谈话就很少了。他们之间最直接的沟通，甚至彼此深入的了解，都随着时间消失殆尽。

也许，这段关系是毕加索一生中最美好的一段，但现在也不复存在了。现在的毕加索，倒是依稀可以看出是二十年、三十年,甚至是四十年前的那个他,而眼前《幽冥骑士》的作者,在1944年为毕加索写文章的那个单纯的女学生已经消失了。

这一年他过得相当难耐。数以百计的人从世界各地来到坎内,寻求他的帮助、介绍、金钱、忠告、鼓励。他们中有些有趣的人,也有可怜的人,毕加索都亲切地接待了他们。

还有一些人要求跟他合作,为一本解释他的作品的书写前言,为一本书作插画,或者希望他支持一个反对贫穷、战争和不公平的活动,那些渴望得到他的一幅画、一笔钱,或者一个签名的人就更不必说了。

即使在承受这么多因为名气而引来的折磨后,毕加索仍然会希望再见见他们中的每一个人,虽然想要见每一个人是一件不可能的事——他没有那么多精力。

他内心的烦恼,时间和精力的无意义的耗费,拒绝别人后的不愉快,以及总是围绕在他周围的那些卑微的贪婪,都让他的脾气变得越来越坏。他特别憎恨那些把他看成摇钱树想利用他的人以及他们企图强加在他身上的控制欲。

1958年,毕加索到阿莱斯观看斗牛。周围的嘈杂和纷乱已经让他疲惫不堪,他有意在当地买下一所房子,于是他的朋友带他去看瓦汶阿格斯的老宅。

这幢17世纪的巨大的方形房屋的位置在圣地维克多利山下的一个幽深的亮丽山谷,附近有一个小村庄,距离它数百米,地势稍高一些。

在这片安静、宽大的地势里，淡红色的建筑物和森林山谷形成一体，显得格外美丽。跟坎内的四周都是山坡的别墅相比，这里完全是另一番景象。更令毕加索欣喜的是，这幢房屋后面的山上不能建造新的房屋，因此整座山仿佛都属于这幢房子了。

毕加索从村庄仰望那幢老宅，看到它的全景。他的渴望和热切让他忽略了一件事：从村庄看古宅，可以看得很清楚，同样，别人也可以看到古宅里的一切，甚至会更加清楚。他们是配备望远镜或者摄像机的长镜头的。

他不到四十八小时就买下房子，迫不及待地住了进去。当然，这花了他一大笔钱，但此时金钱对他来说已经没有什么意义了。

毕加索几乎把他所有收藏的画都搬了过来：马蒂斯、狄伦、罗梭、里南、塞尚、柯罗、窦加、查尔丁、布拉格、米罗、莫迪利亚尼、雷诺瓦，还有很多其他作品，再加上自己一些早期的画，被他买回来的作品，全都搬到这里。此外还有从卡里福尼亚带来的大量雕塑，就好像他要在这里长久定居下来。

在这些熟悉作品的包围里，毕加索立刻开始画画，包括一幅叫《瓦汶阿格斯的餐具桌》的画、一系列静物、房屋还有斗牛。他此时的风格已经和坎内有所不同，色调不再轻快，除了深红色和暗褐色，还用了平时很少用到的墨绿色。我们会发现，这种颜色跟圣地维克多利山的森林倒是很呼应的。

也是在这里，毕加索开始临摹蒙内的《野宴》，他为这幅画做了很多准备和修改，一共包括有一百七十多张图，还有二十七张油画。

毕加索并不是连续地画下来，而是每隔一段时间就突然爆发出旺盛的活力。有的时候连续几个月也画不出来。直到1962年，这组画才完成。这段时间，他不只是做了这一件事，他还创作了大量的陶艺品，并且花了不少时间在雕刻上，此外还有一些其他的画作。

事实上，他没有定居在瓦汶阿格斯。真正住进来后，他发现这里没有想象中那么好。热潮过后，他就经常会到坎内，这里是派亚瑞斯每年夏天都会来的地方。

有派亚瑞斯的陪伴，毕加索会自在很多。派亚瑞斯没有一点竞争的心理，而且也从不用异样的眼神看毕加索，更不会崇拜他。他可以跟毕加索像六十年前那样轻松、自在地交流彼此的思想。

毕加索频繁往返于卡里万尼和瓦汶阿格斯之间，除了创作《野宴》的组画，他还要忙着探索塑形艺术，这种艺术涵盖非常广，甚至包括油毡浮雕。

《野宴》的进度受到了许多事的干扰，不然一定会更快一些。除了那些到访的不速之客，毕加索还有自己对朋友的需求和事业以及生活。他的画作展览通常交由萨巴提斯打理，虽然萨巴提斯的年龄比毕加索大很多，却仍然总是为毕加索的事情在巴黎、坎内或者瓦汶阿格斯之间跑来跑去。

而一些重要的事情毕加索就会亲自操刀。比如，1957年的纽约展览，1960年的伦敦展览，还有之后几年在东京的展览，都是毕加索自己亲力亲为，付出了很多的时间和精力。

他不是那种躲在象牙塔里的画家，他需要沟通，而凭借他现在的地位，想要扩大沟通是易如反掌的事情。比如，在伦敦展览就有四五十万人看过了他的作品。

他喜欢伦敦，但巴塞罗那更符合他的心境，1960年时，巴塞罗那的"毕加索美术馆"的雏形基本具备了。多年前，他问萨巴提斯以后打算怎么处理他的作品。

他的话语里"我死之后"这样的含义十分明确，但这个字眼是绝不会明说出来的。萨巴提斯就说他会建立一座毕加索美术馆，地址就选在毕加索的出生地马拉加。毕加索却说："为什么不选在巴塞罗那？我虽然出生马拉加，但跟它的关系太少了。"于是萨巴提斯立刻开始准备。

1960年，巴塞罗那市为他提供了两处地方让他选，那是两座14世纪的宫殿。毕加索选择了阿奎拉宫。这里位于窄小却充满古典气息的蒙他卡达街道上，也是他童年时期最熟悉的地方。这里不久后就会放置萨巴提斯的捐赠，连同所有毕加索曾捐赠给这里的画作，此外还有一些朋友和收藏家提供的画作。

萨巴提斯一生都很贫穷，1960年毕加索的一幅作品就相当于一笔不菲的金钱，毕加索的很多朋友也都卖过他的画，并且他们都比萨巴提斯有钱得多。在此，我们可以对萨巴提斯的气度和高尚有一个概念了，他捐赠给美术馆共有五百七十四件作品，并且其中大部分都有毕加索所题的亲密的语句。

1960年开始，毕加索越来越讨厌瓦汶阿格斯，来自各地的访客开车前来拜访他，并且他们学会用望远镜监视他，让毕加索根本没有办法安静。1961年的春天刚到来时，毕加索已经不在那里工作了，即使在那里停留也不会过夜。坎内却热闹起来，他隔邻的花园旁边，一大排房舍正准备修建，大海的风景也许从此会被遮住了，并且其中一些居高临下的游客可以轻易地看到他。

坎内后面的丘陵就是莫金斯勒，附近不远就是瓦劳瑞斯，这些都是毕加索最熟悉的地方。从莫金斯勒去往瓦劳瑞斯的盘旋的山路上，先是顺着下坡走，接着转向左边一个满是树木的山脊上，那里有一座奉祀长生圣母的礼拜堂，这里是地方人民朝圣的地方。

在礼拜堂下面一点的位置，毕加索找到了一所房子。房子的周围都被柏树掩盖，旁边还有一小块空地，虽然这里算不上与世隔绝，但用人工的方法可以很好地增加这里的私密性。

1961年开始不久，他就住在这里，彻底安顿下来。他在瓦汶阿格斯和卡里福尼的房子还没有卖掉,因此他的财产还留在这两个地方。

这幢房屋也被叫作"长生圣母殿","长生"这两个字对毕加索来说再合适不过,因为,他在八十岁高龄的时候依然精神奕奕。几乎所有世界上活着的人都知道毕加索这个名字和他的画作,并且知道毕加索还活着。

对那些年轻画家来说,毕加索已经并不会太影响他们了,因为很久之前,现在年轻的画家和毕加索自己都活在"后毕加索"年代了。

然而,对于那些一直追寻毕加索、追寻毕加索的继承者、追寻继承者的继承者们,或者已经独自开辟自己的路了,毕加索仍然在继续对孤独的渴望,依然独自处在永远的自我的革命状态里。而他的价值,远远大于现在所有现存的画派。

很多人认为人们在进入新年龄的时候,都是一个初学者,过去的经验跟眼前的状况没有任何关系。也许大多数人的确如此,然而毕加索是个例外。虽然他讨厌时间的飞逝,但无论在人生哪一个阶段,他都勇敢克服了困难,也许正因为他从始至终保持着自己的本色,没有被社会强加在他身上的种种束缚改变。

他并不显老,也看不出老去的迹象,除了经常谈论死去的朋友,特别是阿波林纳和麦克斯·杰克卜,但这也不代表什么。也许老年人很喜欢回忆过去,但毕加索并不是在回忆过去,他过去的友谊一直都在，阿波林纳和麦克斯·杰克卜一直鲜活地活在他心里。

辉煌的晚年时光

1961年3月2日，毕加索非常秘密地同贾桂琳·梦奎巴结婚。梦奎巴当时只有三十五岁，1953年的时候在瓦劳瑞斯的陶艺店里工作，从那个时候起，她就已经跟毕加索在一起了。毕加索的再婚让很多朋友费解，他的朋友认为梦奎巴的行为只是为了毕加索死后的大部分遗产，从而跟他结婚的。

毕加索在"长生圣母殿"里完成了全部的《野宴》，同时还有很多其他的画作也完成了。在《野宴》结束后，他作画的产量从每天一幅提高到每天三幅以上。虽然毕加索经常疲惫不堪，他却很适应八十岁的生活。在八十岁生日当天晚上，他到尼斯看电影，一直看到凌晨两点，第二天还去参加瓦劳瑞斯为他特别准备的庆典，接着又到斗牛场欣赏比赛。

平时的日子里，他也会见大量的朋友，包括很多远道而来的朋友，还有跟他谈论巴塞罗那美术馆的卡达浪人。在明亮的夏季，他在群树环绕的"长生圣母殿"里度过，夜晚四周响起了蝉鸣。秋天到来时还能看到他在僻静的海湾里游泳，这样看来，疾病和死亡距离他非常遥远。1961年萨巴提斯中风了，两年后，布拉格和柯克多也相继去世，而萨巴提斯康复了。

在"长生圣母殿"里的日子，死亡似乎减慢了它的脚步。派亚瑞斯依然身体健康，而毕加索比他还要年轻强壮，他的工作比以往任何时候都要稳定，而实际上他现在的产量也越来越多。仅仅1963年，他为贾桂琳创作的画就高达一百六十幅。

在这些作品里，比较优秀的就是以大卫的《萨比尼女人的掠夺》作为主题的很多变体画，他创作这些画时很辛苦，在很多夜晚强迫自己画下去。开始准备后的几个星期，他在速写本上写道："绘画让我强大，支撑我一直继续我想做的事。"

1963年上半年，绘画支撑着毕加索创作了"画家和他的模特"为主题的四五十张油画，并且这些画都是经过深思熟虑完成的。

这位画家最先出现的画面是他端坐在画架之前，手拿调色板，画着一张面孔的雏形，前面没有模特，只有抽屉柜上放着的一个胸像。后来，一个绿色的裸体女人出现了，在沙发上摆出各种姿势。她的颜色、姿势、位置、大小都在变化，而她只是一件纯粹的物体。她没有个性，画家跟她的沟通是以她为代表的真实对象，而不是她这个人。真正在说话的是她的身体，而不是她的心灵。

看到画的人一点不明白画家画的是什么，大部分时间，他的画架是侧着的，并且上面只有一些模糊的轮廓。

他一直稳定地画着，并把精力都投入工作里。此时画家的样貌发生了一些变化，胡子长出来又消失，头发也一样。在最后的

几张画里，他的面孔布满了强烈的色彩，但他始终是一个黝黑的、看不出年龄的人体，有些可笑，但因为他总是严肃的、坚定的画画，因此显得庄严。

从一开始到结束，他都是完全的孤独。毕加索很喜欢这位画家，叫他"穷小子"，并且充满感情地看着他的一举一动。

他大部分时间都在他那狭窄的老式房间里作画，有时也在户外画，偶尔在晚上。画家的模特有时在躺椅上，有时在一棵树下。然而不论在哪里，他的周围的颜色所表达的创作的艰辛远比他精巧的双手或专注的脸孔精彩。

那颜色由深沉的蓝转为朱红或绿，在变为饱满的蓝或者粉红，接着所有颜色褪去，只有画家的脸和头发散发出亮丽的光芒，额头颜色再变暗、变淡，经过渐渐的转移回复到最初的深沉。他一直工作着，即使最后几张画里画家的脸只剩下白色的模糊形状或者难看的灰色，他没有头发胡须，还仍然在画。他的身上，看不到输赢。

毕加索很喜欢"画家和他的模特"系列，冬天时把它们做成木版画，线条也更加简化。到1964年年初，他还画了很多裸女，还有一些农夫的头像，再往后是更多的裸女、贾桂琳，还有"画家和他的模特"的补遗作品等。

夏天时，毕加索在"长生圣母殿"接待了不少访客，大多是关系很好的朋友。而他的新相识有个共同点，他们都为认识毕加索而感到骄傲,因此也希望毕加索有一些骄傲的表现——他们很想看到这位天才画家能说出一些伟大的思想。

毕加索很明白他们的想法,靠着天赋的口才和灵活的头脑,他通常能满足他们。然而,总是在他们面前扮演天才演讲家是一件很辛苦的事,也许这就是毕加索有时会带着滑稽帽子和假鼻子出现在他们面前的原因,毕加索经常这样做。

此外,还有一些人是为了正经事来的,一些巴黎来的访客是为了筹备他八十岁庆典,还有一些外国来的人是为了安排他的画展。

这年的秋天是个金色的季节,法国南部也出奇地美丽,虽然每天在报纸头版能看到战争的消息,毕加索却像生活在另一个世界,在他的柏树林里静静作画。他有一直活下去的理由。他短小、褐色的身体跟以前一样,这个身体似乎抗拒了死亡。这样的秋天难道不能一直延伸到1965年、1966年,一直延续下去吗?

但他没能做到。1965年,他的身体陆续出现一些毛病,他开始病得越来越重。11月,他到巴黎去,住进了"美国医院"。手术很成功,也没有并发症,在令人称奇的短时间里,他又回到"长生圣母殿"。

卡达浪的吉力夫妇看望他时,发现他活跃而愉快,仿佛手术把他的衰老和一切病痛摘除了。然而这种健康是短暂的、表面的。毕加索的身体因为长时间、缓慢的感染而越来越衰弱。

1966年，他没有画一幅画。他的眼睛在年轻时就有些麻烦，现在更加厉害，而听力也退化了。

在他八十五岁生日那年，法国政府为他举行盛大的生日庆典。在20世纪开始时，十九岁的毕加索第一次来到巴黎，当时正在开展世界博览会，很多恢宏的建筑在修建中，其中大艺术宫和小艺术宫是最重要的建筑。

而现在，为了表扬和推崇毕加索，这里都布满了他的画作。大艺术宫里展出了一百八十四幅。同时，苏联很高兴他们的同志被推崇，因此这次展览成为毕加索的成功的推介。

小艺术宫里展出了二百五十幅，从毕加索在卡洛索的习作，直到1966年7月的画像，还有五百八十件陶艺和二百九十二件雕刻，这是目前最完整的一次作品的汇集，也是毕加索作为雕刻家的一次总评估。这是有史以来对单独艺术家的展览里，举办的最光彩夺目的一次画展。

不仅如此，国立图书馆还展览了毕加索的插画、木刻、木版、石版画、加油站浮雕。另外，很多商业画廊也都推出了毕加索画展。

这次大型回顾展一直持续到1967年2月，批评家从最差到赞不绝口，每种感受都有，但绝没有人对此漠不关心。前去观看毕加索作品展览的人高达八十五万。

毕加索没有去，他一直待在"长生圣母殿"。一天，他打电话给拉瑟米夫人,像他在寂寞时经常会做的那样,然而这一次,他是告诉她,他不会再打电话给她了,他的耳朵聋了,他说他不能再听到她的声音了,可怕的事情就这样发生了。

生命灿若夏花

毕加索从1967年开始画他马戏团的人物,他不断画着,现在这些人物不再是以往悲伤、瘦弱的样子,那在蓝色的身体上略带悲剧性的红斑,而是充满灿烂、强烈的色彩,这种色彩一直持续到毕加索晚期的作品,并在1969年到1970年达到顶峰。

同时他还画了很多田园的人物,以及很多巨大的裸体画,然而这一年并非多产的一年。他把精力主要放在了版画上,虽然他在版画上有不少经验,他觉得仍然有不少值得尝试的新方向。

本来他计划要在1968年早期进行蚀刻,但萨巴提斯在2月13日去世了。毕加索受到沉重的打击,他的失落可以从他给萨巴提斯的大量捐赠画上看出来。

他一直把美术馆看成是萨巴提斯一手创立的,因此视为萨巴提斯的延续。在萨巴提斯死后,他立刻捐出了一千件作品,从他童年时的涂鸦,到青少年时获奖的学院派作品,再到最近成功的画作。

并且,从萨巴提斯死去到自己的生命结束,他每一幅版画作品都题"给萨巴提斯",并且捐给美术馆,好像萨巴提斯还活着一样。

这年春天,毕加索恢复到工作中,美术馆收到了数目惊人的三百四十七件蚀刻作品,这些作品是3月16日到10月5日完成的,这也是第一批捐赠。

他放下蚀刻的工具,又立刻拿起画笔重新塑造色彩。他年轻的时候可能忽略了色彩,解决问题的方式就是运用线条,这好像成为一种规矩,现在他穿越了这种束缚,沉溺在色彩中。毕加索一直不是一个平凡的人,然而他的不凡在他生命最后几年里爆发出异样灿烂的光芒。

他用狂猛的蓝色和绿色,尤其是西班牙红色和黄色,以及沉重的黑色。这些色彩都是他内在顽强生命力的表现。从1969年1月5日到1970年2月2日,他创作了一百六十五幅画,很多画的尺寸都超过六英尺×四英尺。

1969年和1970年是毕加索多产的两年,但他还是有精力去做陶罐,还对绣帷产生浓厚兴趣。他还不忘观看斗牛比赛,见一些朋友,包括卡达浪人,还有一名律师让他签署文件,以完成他捐赠巴塞罗那美术馆作品的移权手续。

毕加索憎恨法律形式,即使是最简单的,然而这一件并不简单,因为他签名前必须看过每一幅作品的照片。如果是其他的情况,巴塞罗那即使是最顶尖的说服家都不可能让他去做这件事。

然而为了延续萨巴提斯的生命,毕加索还是认真地做了——

他仔细而缓慢地翻看那些照片，还说："这不是我的作品，是我的生命。"然后，他在契约书上签了字。

这是毕加索付出最多的几年。1969年，阿来斯赠予他荣誉市民的头衔，毕加索就回赠了五十幅画作；纽约现代美术馆的代表拜访时，毕加索送了他们一件现存的珍贵的立体派作品，1911年的《吉他》。而私人的赠予更是数不胜数。

1971年，毕加索已经九十岁了。巴黎没有像他八十岁那样庆祝，却给了他至高无上的殊荣，至今没有任何的艺术家获得此封号。在卢浮宫重新摆设的大画廊里，一些美术史上光辉灿烂的名字被移到一边，八幅毕加索的作品取代了它们的位置。

毕加索没有到场。他让儿子保罗做代表参加总统主持的开幕式，他独自留在"长生圣母殿"里画画。九十岁生日的当天，他留了一些照片，他的样子跟二十多年前的样子差不多，巨大的黑色眼珠里充满活力和智慧，他是一个近乎完美的人。

但从某个角度来说，卢浮宫的庆典跟死亡的象征有关系，因为没有任何人能活着进入那里，这是对一个画家价值的认可，但人们都是在死去后才能被封为神明。

狄龙·汤玛斯在他的诗里说："不要温顺地投入美好的静夜，老年时应该燃烧并嘶吼在白昼的终结。"

1973年4月8日，就在毕加索脑中充满了为未来新一年计划的时候，他突然去世。冬天时，他染上流行性感冒，虽然从重病中慢慢恢复了一些,但身体仍十分虚弱。不管怎样,他还是在早春时开始工作,中午起床,有时在画室里待到第二天早上6点,在4月7日的晚上还邀请朋友来家里聚餐。

但当天晚上上床时他就感到呼吸不顺了,当地的医生诊断他的肺部严重感染,并且心脏也有严重的毛病。

第二天,毕加索的一位朋友,也是著名的心脏专家搭乘早机赶来。他立刻就看出没希望了,但他还是尽可能地让病人舒服。

毕加索对仪器十分有兴趣,总是充满活跃的好奇心,他还爬起来刮胡子,想要给那位心脏专家朋友看自己最近的作品。然而由于呼吸困难,他还是躺了下来。

他一点都没有感觉自己即将死去,有时他出着神,自言自语,那个医生朋友多次听到他说起阿波林纳这个名字。他在上午刚过去时,进入了弥留阶段,却没有丝毫痛苦。在最后一段神智稍微清醒的时刻,他指着一边的贾桂琳,清楚地告诉医生朋友(他的朋友是个单身):"你不结婚是错误的,结婚还是很有用的。"

接近中午的时候,毕加索的心脏渐渐衰竭,终于离去了。在自己的床上,在一大堆画作和收藏品中间,在家人的围绕之下,安静地逝去。

几天之后,他们把毕加索秘密地安葬在瓦汶阿格斯的庭院里,毕加索在教会的古老悼词中,离开了世界。一位教士专门负责打扫他的灵柩，还有一些地方的议员参加了仪式。他们把毕加索降入了孤独的墓穴，毕加索的一生孤独而桀骜，像太阳一样，然而他的生命也跟太阳一样热烈地燃烧殆尽。

毕加索是一个一直饱受争议的人，除了他那令人倾倒和折服的傲人才华所得到的至高无上的荣誉，他的生活也遭受了世人的很多非议。他为自己的几任妻子、情人和孩子画过很多画，他的亲人们却对他的画作评价褒贬不一。

毕加索在绘画上的成就可以说已经登峰造极，家庭私事却一塌糊涂。他亲人的悲惨经历已经为全世界的人知晓：他的遗孀贾桂琳自杀身亡了；他的另一位情人玛丽也自杀了，还为他生下一个女儿玛雅；贾桂琳把毕加索的孙子巴博多里赶出了爷爷的葬礼后，巴博多里也自杀了。

巴博多里的姐姐马丽娜曾经写了一些回忆录，披露自己悲惨的童年时代，她认为一切都是毕加索的错。毕加索的妻子和情人里，弗兰柯斯生的克劳德和派洛玛以及玛丽的孩子玛雅是毕加索的三个一直活到老的儿女。

1973年，毕加索以九十二岁高龄去世。他在世时，人们总是争先恐后地想认识他，他去世的若干年后，世人也没有遗忘他，他的故事和名声一直存在人们的脑海里，成为人们争论不休的话题。

名人励志传记丛书